KB206589

온라인
사역혁명

이상훈 지음

Re_Connect

교회성장연구소

코로나19는 한국 교회에 많은 변화를 가져왔습니다. 저를 포함한 한국의 많은 목회자가 교회에 다가온 변화를 이해하고 받아들이기 위해 많이 노력했고, 이러한 노력은 지금도 계속되고 있습니다. 코로나19 이후 한국 교회는 '온라인', '오프라인'의 구분을 넘어 '올라인'으로 하나님 나라를 향한 비전을 이루어 가야 합니다.

유례없는 상황을 만났을 때, 가장 현명한 움직임은 앞선 발자국을 돌아보는 일입니다. 그리고 쉽지 않은 그 일이 『온라인 사역 혁명: Re_Connect』 책을 통해 가능해졌습니다. 이 책은 한국 교회보다 앞서 온라인 사역을 시작한 미국 교회와 목회자들이 어떤 과정을 거쳤는지 보다 쉽게 이해할 수 있도록 안내합니다. 이 책을 통해 우리는 현재 우리의 교회가 처한 상황과 '온라인 사역'에 대해 다시금 고찰하며 앞으로의 여정을 준비할 수 있을 것입니다. 특별히 갑작스럽게 닥친 '온라인 사역'의 늪에서 혼란과 좌절을 겪는 목회자가 있다면, 이 책을 통해 '온라인으로 사역 혁신을 이루고 있는 교회들'을 지면으로 탐방하며 '온라인 사역'에 대해 제대로 이해하고, 앞으로의 목회를 계획하는 데 도움을 얻을 수 있을 것입니다.

한국 교회가 코로나19에 주저앉지 않고 위기를 기회 삼아 나아갈 수 있도록 돕기 위해 노력하는 한 사람의 목회자로서, 같은 마음으로 그 여정에 동참하는 이 책의 출간이 반갑고도 기쁩니다. 이 책이 많은 이에게 도움이 되기를 바랍니다.

김병삼 | 만나교회 담임목사

이상훈 교수님의 이번 책은 코로나19 팬데믹 시대의 교회들을 향해 '교회가 과거에 머물 것인가? 아니면 새로운 시대에 맞는 대응을 할 것인가?'에 대한 실질적이고 구체적인 사례들을 중심으로 창조적인 대안을 제시하고 있습니다.

'온라인 사역'은 코로나19 이전에는 생각하지 못했던 창조적인 사역들을 가능하게 하였고, 더 나아가 오프라인으로는 들어갈 수 없었던 비공개 지역과 각 민족의 많은 영혼에게 효과적으로 복음을 전파할 수 있는 도구가 되었습니다.

막연하기만 했던 사역의 방향과 내용이 『온라인 사역 혁명: Re_Connect』를 통해 새로운 시대에 맞는 창조적 사역의 지평으로 새롭게 열릴 것을 확신합니다. '온라인 사역'으로 땅끝까지 전파되는 복음의 역사를 이 책을 통하여 생생하게 경험해 보시기를 마음 다해 추천합니다.

황덕영 | 새중앙교회 담임목사

'장인의 활어회 같은 현장 이야기'

한국 선거에서 회자된 유명한 말이 있습니다. 당연히 승리할 줄 알았던 분이 SNS와 같은 새로운 소통 구조가 미친 영향력으로 낙선한 다음 한 이야기입니다. "세상이 변하고 있다는 것을 미처 알지 못했다." 그런데 이 말을 들은 저의 평가는 이랬습니다. "이분은 소 잃고 외양간을 고치는 일도 늦었다. 지금 이 상태로 선거를 준비해도 패배할 것이다. 왜냐하면, 아직도 세상이 변하고 있다고 생각하기 때문이다. 세상은 변하고 있지 않다. 이미 변했다."

교회가 '한국 사회가 고령화 사회로 진입했다'라고 생각한다면 이미 늦었습니다. 이미 고령 사회입니다. '한국 교회 젊은이가 떠나고 있다'라고 생각한다면 이미 늦었습니다. 이 말을 들은 젊은이의 반응이었습니다. "우리는 교회를 떠나지 않았어요. 교회에 가지도 않았고 갈 생각도 없는데 왜 떠났다고 하죠?" 기독교가 뭔가 빠르게 분석한 것처럼 생각한 것조차 이미 늦었음을 드러내는 시대를 살고 있습니다.

이런 상황에서 이상훈 교수님의 『온라인 사역 혁명: Re_Connect』는 이미 늦은 분석이 아닌 가장 현장성을 가진 분석으로서 가치를 갖습니다. 온라인을 할 것인지 말 것인지는 무의미한 논의가 될 것 같습니다. 우리가 정리하기도 전에 이미 진입했습니다. 그리고 선교신학적으로 검토를 마치고 실제 현장은 더욱 치열하게 격변하고 있습니다. 특히 피지털 처치Phygital Church에 대한 검토는 매우 신학적이고 실천적입니다.

'교회를 어디서 시작할 것인가?'라는 가장 기본적인 질문부터 온라인은 바꾸게 하였습니다. 온라인 사역은 이제 언젠가 끝내야겠지만 어쩔 수 없이 해야 하는 일이 아니라, 지속할 사역으로 분명한 성경적 기초와 전략을 갖고 반드시 해야 할 사역이 되었습니다. 이를 위해서 본서는 이 혁신을 선도했던 교회들이 가진 치열한 신학적, 성경적 고민과 실천적 방향을 제시합니다.

이상훈 교수님은 때늦은 분석을 던지는 것이 아니라, 치열한 현장의 가능성을 솜씨 좋은 장인이 만든 활어회처럼 신선하고 생생하게 요리하고 플레이팅했습니다. 이 책을 제대로 즐길 고추냉이와 초장을 준비한 독자는 미식가로서 최고의 음식을 선택했다고 믿고 기쁘게 추천합니다.

송병주 | 미국 선한청지기교회 담임목사

2018년도에 새들백 처치Saddleback Church에서 온라인 사역자 자리가 나왔을 때 지원을 할까 말까 고민했습니다. '온라인 사역이 교회에 정말 필요할까?' '아무리 앞서가는 교회라고 하지만, 이렇게까지 앞서갈 필요가 있을까?' 그래도 새로운 사역을 배워 보고 싶었기 때문에 지원하게 되었고, 현재까지 온라인 사역에 몸담고 있습니다. 4년 동안 온라인 사역을 하면서 처음 가졌던 의문은 확신으로 변했고, 사명이 되었습니다. 온라인 사역은 앞으로 교회에 꼭 필요합니다. 온라인 사역에 대한 의문을 확신으로 바꿔 준 것은 새들백 처치의 멋진 사역 철학도 아니고, 유튜브 채널의 많은 구독자 수도 아니며, 소셜 미디어의 반짝이는 사진과 영상도 아니었습니다. 온라인 사역이 꼭 필요하다고 느끼게 해 준 것은, 온라인 사역을 통해 바뀐 수많은 삶입니다. 삶의 변화를 보여 주는 귀한 간증들입니다. "온라인 사역을 통해 하나님을 만났어요.", "온라인 소그룹을 통해 평생 갈 믿음의 동역자들을 만났어요.", "온라인 훈련 프로그램을 통해 신앙의 성숙을 경험했습니다." 그리고 이러한 간증은 간혹 한두 번 듣는 게 아니라, 시간이 갈수록 더욱더 자주 듣고 있습니다.

이상훈 교수님의 『온라인 사역 혁명: Re_Connect』는 이 변화의 흐름에 느낌표를 찍어 주는 책과 같습니다. 앞서가는 교회 분석가이자, 선교적 교회Missional Church전문가이신 교수님께서 온라인 사역에 관한 책을 써 주심에 감사드리고, 이 책 안에 담긴 내용에 더 깊은 감사를 드립니다. 본 책은 온라인 사역을 잠시 잠깐 해야 하는 사역으로 소개하지 않고, 앞으로 교회가 꼭 펼쳐 나가야 하는 사역으로 소개합니다. 그리고 여러 가지 모습으로 온라인 사역을 활발히 하는 미국 교회의 사역 모델을 소개하고 깊이 설명합니다. 이 책은 앞으로 온라인 사역을 어떻게 해야 할까 고민하는 교회들과 사역자들에게 좋은 길잡이가 될 책입니다. 『온라인 사역 혁명: Re_Connect』를 통해 교회 혁명이 일어나길 소망하고, 그렇게 될 수 있게 이 책을 적극 추천합니다.

케빈 리 | 새들백 처치 온라인 담당 목사

Contents

추천사 _ 4

Prologue _ 12

온라인 사역을 위한 로드맵 _ 16

chapter 1 **새들백 처치** Saddleback Church   31
비전과 가치를 온라인으로 실현하다

chapter 2 **라이프 처치** Life.Church   51
하나님 나라 복음을 디지털에 담다

chapter 3 **처치홈** Churchome   71
다음 세대를 위한 대담한 시도 :
교회를 손app 안으로

chapter 4 **엘리베이션 처치** Elevation Church   93
소셜 미디어를 통한 온라인 사역

chapter 5 **퍼슈트 처치 라이브** Pursuit Church Live   115
페이스북 온라인 교회 공동체

chapter 6 **프레쉬 익스프레션스** Fresh Expressions   137
네트워크를 통한 온라인 사역

chapter 7 **라잇나우 미디어** RightNow Media   157
영적 성장과 제자도 형성을 위한
온라인 플랫폼 사역

온라인 사역의 원리와 적용 _ 178
미주 _ 194

Prologue

코로나19로 초래된 팬데믹은 지난 수십 년간의 목회 지형을 완전히 바꿔 놓았다. 이제까지 교회는 건물과 성직자, 프로그램과 이벤트를 통해 모이는 중앙집중식centralized 사역 구조로 되어 있었다. 그러나 팬데믹은 교회로 하여금 회중 중심의 분산화decentralized를 강조하며 보내고 흩어지는 교회로서 찾아가는 사역을 하는 계기가 되었다. 물론 이러한 변화는 교회의 생존을 위한 어쩔 수 없는 선택이기도 했지만, 과거에는 허용되기 어려웠던 혁신적 패러다임이 자리 잡는 기회이기도 했다. 4차 혁명 시대를 준비하는 교회에 이 위기는 변화를 위한 가장 큰 기회이기도 했다. 그리고 그 중심에는 온라인 사역이 있다. 팬데믹이 아니었다면 받아들여지기 어려웠을 테지만, 교회는 온라인을 통해 이 위기에 대응하고 극복할 수 있었다.

물론, 코로나19 이후의 온라인 사역에 대한 전망은 여전히 모호하다. 대부분의 교회는 온라인 사역을 미래적 안목에서 전략적으로 접근하지 않았

Re _ Connect
온라인 사역 혁명

기 때문에 현장 예배가 전면적으로 재개되면 가장 먼저 폐기처분 할 일시적 대용품 정도로 여기는 경우도 많을 것이다.

그러나 변혁의 시대를 직시하면서 미래를 맞이하고 싶다면 지금부터가 더 중요하다. 왜냐하면 코로나19 기간에 우리가 경험한 세상은 변화의 서막에 지나지 않기 때문이다. 코넥서스 처치Connexus Church의 설립자 캐리 니우호프Carey Nieuwhof는 우리가 완전히 새로운 세상에서 살고 있다는 사실을 상기시키면서 '만약 교회의 사명이 건물에 사람을 채우는 것에 있지 않고 사람들에게 다가가는 것이라면, 지금이야말로 모든 것을 새롭게 생각해야 할 시점'이라고 주장한다.

필자가 북미의 온라인 교회를 연구하며 책을 집필한 이유가 바로 여기에 있다. 많은 교회가 코로나19 팬데믹 상황 속에서 혼란과 두려움을 느끼고 있을 때, 어떤 교회들은 이 시기를 복음을 전하며 영혼을 추수하는 최고의 기회로 삼았다. 과연 이런 교회들은 어떻게 그런 선각자적인 길을 갈 수 있었을까? 그들은 한결같이 사회 문화적 흐름을 읽고 민감하게 반응하며 혁신과 도전을 두려워하지 않았다는 공통점이 있었다. 시대를 주시하고 반응하는 사람이라면 누구나 새로운 삶의 자리가 온라인이라는 사실을 인지할 수 있다. 그러나 그 공간에 있는 사람들과 관계를 맺고 그들에게 복음을 전하며 공동체를 구축할 상상력은 선교적 열정을 가진 깨어있는 소수만이 할 수 있는 특권임을 부인할 수 없다.

이 책을 읽는 동안 독자들은 온라인이 가진 선교적 가능성을 확인하게 될 것이다. 온라인이 오프라인 사역의 일시적 대용품이 아니라 그 자체적으로 더욱 개발하고 확장해야 할 사역임을 발견하게 될 것이다. 물론, 북미의 대형 교회들이 감당할 수 있는 사역의 특수성이 있지만, 그로부터 발견된 원리와 정신은 얼마든지 한국 교회를 자극하고 도울 수 있다고 필자는 믿는다.

1년여 동안 다양한 온라인 교회 케이스를 연구하며 얻은 배움이 크다. 무엇보다 미래 교회는 온라인과 오프라인이 함께 가야 하고, 유기체적이고 상호 보완적인 역할을 통해 복음을 전하고 하나님 나라 공동체를 세워가는 사명을 이룰 수 있기를 바란다.

이 책이 세상에 출간되기 위해 도움을 주신 분이 많다. 먼저는 1년 가까이 미주 온라인 교회를 연구하고 연재할 수 있도록 배려해 주신 월간 「목회와신학」과 사안의 긴급성을 이해해 연재를 마치자마자 책으로 엮어 세상에 나올 수 있도록 도와주신 교회성장연구소에 감사를 드린다. 또한 팬데믹이 발생한 후 누구보다 열정적으로 온라인 사역을 깊이 탐구하고 적용해 왔던 사랑하는 씨드교회 권혁빈 목사님과 MiCAMissional Church Alliance에 속한 동료 사역자들, 필자가 총장으로 섬기고 있는 AEU 미성대학교 교직원들에게도 감사를 드린다.

언제나 그랬듯 한 권의 책이 나오기까지는 가족의 희생과 격려가 큰 힘이 된다. 여전히 바쁜 남편을 깊은 이해와 섬김으로 함께해 주는 아내 유수정 사모와 이제 성인이 되어 대학 졸업반과 신입생이 된 두 아들 민혁 Justin과 민성Caleb에게 사랑을 전하고 싶다.

아울러 한 번도 경험해 보지 못한 팬데믹 상황 속에서도 포기하지 않고 온라인을 통해 교회됨의 사명을 감당하기 위해 몸부림쳤던 목회자들과 성도들에게 이 책을 전하고 싶다. 바라기는 이 부족한 저서가 선교의 새로운 영역인 온라인 사역에 대한 신선한 통찰을 주며, 동시에 온라인을 통해 창의적 사역을 꿈꾸는 한국 교회에 조그마한 길잡이가 되기를 바란다.

로스앤젤레스 AEU 연구실에서
이상훈 교수

온라인 사역을 위한
로드맵

온라인 사역은 지속해야 하는가?

필자가 거주하고 있는 미국의 경우, 광범위한 백신 접종과 함께 코로나 19COVID-19 상황이 진정되어 가자 '온라인 사역을 지속해야 하는가?'에 대한 논의가 발생했다. 무엇보다 오프라인과 온라인 사역을 병행하는 일이 버거웠고, 또 다른 측면에서는 예전과 같이 모이는 교회가 되기 위해서 오프라인에 집중해야 하지 않겠느냐는 의견이 있었다. 그러나 변이 바이러스의 등장과 함께 상황은 더 복잡해졌고, 지금이야말로 온라인 사역에 대한 본질적이고 장기적인 전략을 세워야 할 때임이 분명해졌다.

먼저 냉철하게 현실을 볼 필요가 있다. 모두가 경험하고 있듯, 교회는 지난 1년 반 동안 엄청난 충격을 받았다. 초기 코로나19 사태가 발생했을 때만 해도 몇몇 전문가가 내놓은 교회 미래에 대한 전망, 즉 이 시기가 지나면 교인의 30%가 줄고 교회의 20%가 문 닫을 것이라는 경고를 심각하게 받아들이는 사람은 거의 없었다. 그런데 최근 통계는 이러한 예측이 맞아가는 듯한 느낌을 준다. 바나 리서치Barna Research 조사에 따르면 2000년 이후 미국 기독교인의 비율은 거의 절반으로 감소했다. 갤럽Gallup 역시 미국 교회의 교인 수가 80년 만에 50% 미만으로 줄었다고 밝혔다. 기독교를 넘어 종교 전체로 확장해 봐도 점점 더 많은 사람이 '넌none'이라 불리는 무종교인 그룹으로 이동하는 것을 볼 수 있다. 물론 이러한 흐름은 한국에서도 유사하게 나타나고 있다.

언뜻 생각하면 이 모든 일이 코로나19 때문인 것처럼 여겨진다. 그러나 사실은 그렇지 않다. 코로나19는 분명 교회에 엄청난 타격을 주었다. 하지만 종교 이탈 현상은 이미 오래전부터 시작되고 있었음을 기억할 필요가 있다. 언젠가 맞이할 미래가 코로나19로 인해 급속히 다가왔을 뿐이다. 그러면서 코로나19는 시대의 급속한 변화에 대해 교회가 얼마나 둔감하게 반응하고 있는지를 드러내는 계기가 되었다. 사회는 뉴노멀 시대를 외치며 '다시는 과거로 돌아갈 수 없다'라는 사실에 적응과 변혁을 추구하고 있지만, 교회는 여전히 과거의 향수를 잊지 못한 채 지난날의 주변을 맴돌고 있는 모습이 역력하다.

그렇다면 다시 처음 질문으로 되돌아가 보자. '온라인 사역을 지속해야 하는가? 상황이 호전되면 중단해야 하는가?' 이 질문은 '교회가 과거에 머물 것인가? 아니면 새로운 시대에 맞는 대응을 할 것인가?'의 문제와 연결되어 있다. 그러므로 대답은 '온라인 사역은 지속해야 한다'이다. 왜냐하면, 온라인 자체가 선교지이기 때문이다. 이 시대 가장 많은 사람이 모여 있고, 가장 많은 활동이 발생하고 있는 공간에 복음이 필요한 것은 당연하다.

그러나 이보다 더 적극적인 이유가 있다. 온라인은 어느새 우리 시대를 규정하는 기반이 되었다. 현대인의 삶을 보라. 온라인은 이제 인간관계와 상호작용의 틀을 제공하며 문화와 관습을 바꿔 놓았다. 일상의 모습도 바뀌었다. 사람들은 극장보다 넷플릭스Netflix를 선호하고, 백화점보다 아마존 쇼핑을 더 자주 이용한다. 물리적인 만남 대신 소셜 미디어를 통해 관계를 맺고 동호회 활동을 한다. 식당에서는 음식을 주문하기 위해 스마트폰 QR코드를 사용하고 건강 진단을 위해 병원에 가는 대신 원격 진단 시스템을 활용한다. 가상 현실과 메타버스metaverse 등 신기술을 활용한 온라인 콘서트에는 전 세계 수만 명의 사람이 모여 열광한다.

교회가 온라인 사역의 중단을 고민할 때, 현대인들의 삶의 자리는 더 빠르고 깊게 온라인으로 이동하고 있다. 생각을 다시 정립할 필요가 있다. 온라인 사역은 선택이 아니다. 이제 온라인은 사람들이 숨 쉬고 살아가는 기본 공간이다. 당연히 더 적극적이고 열린 자세로 온라인을 대해야 한다.

그렇다면 이 시점에서 가장 먼저 요구되는 과정은 무엇일까? 그것은 바로 온라인 사역에 대한 공동체적 공감대를 형성하는 일이다. 필자는 『Re_Think Church리싱크 처치』라는 책에서 새로운 비전에 입각한 갱신을 이뤄가기 위해 다음과 같은 과정이 필요하다고 제시했다.

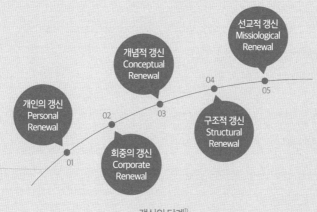

갱신의 단계[1]

    교회가 변화를 추구하기 위해서는 공동체 전체가 같은 비전과 가치를 공유하는 것이 선행되어야 한다. 그 도화선은 리더 자신이다. 리더 안에 강력한 비전이 자리 잡고 있고 이것이 회중 전체로 확산되어야 한다. 그것이 이루어졌을 때 구조적 갱신도 가능하다.

    온라인 사역을 제대로 하고 싶다면 온라인이 하나님 나라를 이뤄가는 시대적 산물이며 통로라는 사실을 리더 스스로 강렬하게 인식할 필요가 있다. 나아가 리더는 온라인 사역에 대한 성경적이고 선교적인 근거를 확립해 교회 공동체 전체가 관심을 가지고 참여할 수 있도록 문화를 조성해야 한다.

온라인 사역의 핵심, 지상명령

온라인 사역의 핵심부에는 무엇이 자리 잡고 있는가? 거기에는 교회를 향한 예수님의 지상명령이 있다.

> "그러므로 너희는 가서 모든 민족을 제자로 삼아 아버지와 아들과 성령의 이름으로 세례를 베풀고 내가 너희에게 분부한 모든 것을 가르쳐 지키게 하라 볼지어다 내가 세상 끝날까지 너희와 항상 함께 있으리라 하시니라"_ 마태복음 28:19-20

이 명령은 예수님을 따르는 모든 제자에게 부여된 사명이다. '너희는 가서 모든 민족을 제자로 삼으라.' '성부 성자 성령의 이름으로 세례를 베풀고 주님의 말씀을 가르쳐 지키게 하라.' 교회는 이 말씀을 근거로 지난 2천년 이상 끊임없이 선교적 노력을 기울여 왔다. 말할 수 없는 핍박과 고난속에서도, 온갖 수치와 비난, 오해와 불이익을 당하면서도 사명을 포기하지 않았다. 왜냐하면, 이것이 교회가 존재하는 유일한 목적이기 때문이다.

코로나19 팬데믹 상황에서도 마찬가지다. 우리는 이전에 한 번도 경험해 보지 못한 위기 앞에 놓였지만, 상황이 사명을 위축시킬 수는 없다. 물리적 한계가 있다면 온라인을 통해 사역을 이뤄가야 한다. 온라인상에서 접촉점을 만들고 복음을 전하며, 그리스도의 제자로서의 성장과 성숙을 이룰 수 있도록 도와야 한다. 만약 교회가 그런 생각에 다다르게 된다면 온라인 사역은 지금보다 훨씬 더 다양하고 많은 영역에서 시도될 것이다.

누누이 강조해 온 것처럼 많은 교회가 온라인 사역을 예배 스트리밍 정도로 이해한다. 그러나 온라인 사역은 예배 스트리밍 그 이상이 되어야 한다. 오프라인 사역에서 이뤄지고 있던 다양한 사역을 어떻게 온라인에서 구현할 수 있을까를 고민해야 한다.

필자가 온라인 교회 사역을 언급하면서 가장 많이 들었던 질문은 이것이었다. "어떻게 미국 교회들은 이렇게 온라인 사역을 창의적이고 다양하게 하지요?" 그러면서 그들의 교육과 문화가 우리와는 다르기 때문이라는 대답을 듣곤 했다. 그러나 핵심은 그리스도께서 교회에 허락하신 지상명령과 직결된다. 새로운 문화 속에서 복음을 전하기 위한 열정과 끊임없는 연구가 교회의 변혁을 촉진했고 창의적 사역을 낳았다. 오늘날 한국 교회에 이러한 고민이 있는가? 코로나19 기간에 생존을 위한 고민이 아닌 사명을 위한 고민이 있는지, 그 사명이 여전히 우리 심장 속에, 우리 교회 공동체 안에 뛰고 있는지를 물어야 한다.

온라인 사역의 틀과 로드맵[2]

온라인 사역의 비전이 명확해졌다면 그것을 구체화하기 위한 틀과 로드맵이 필요하다. 제이 크란다Jay Kranda는 '온라인 교회: 어떻게 스트리밍 서비스를 넘어 사람들을 그리스도의 몸으로 이끌 것인가'라는 글에서 온라인 교회의 사역 목적과 방식이 어떻게 도출되는지를 성경에 근거해 제시했다. 먼저 그는 온라인 교회 사역의 다섯 가지 목적을 다음과 같이 밝혔다.

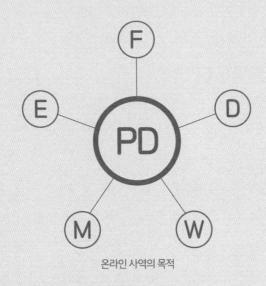

온라인 사역의 목적

- F(Fellowship) 하나님 가족에 속함

- D(Discipleship) 예수님을 더욱 닮아 감

- W(Worship) 예수님을 사랑함

- M(Ministry) 교회 안에서의 봉사

- E(Evangelism) 복음을 나누고 세상을 섬김

교회의 명확한 목적은 사역의 틀을 구성하는 기초가 된다. 우리 교회의

목적은 무엇인가? 온라인 사역의 일차적 목적은 믿지 않는 사람들에게 복음을 전해 그들이 하나님의 자녀가 되게 하는 것이다Evangelism & Fellowship. 복음 안에서 자라 성숙한 성도가 되고Worship & Discipleship, 그리스도의 몸 된 교회를 세우며Ministry, 세상으로 보냄을 받은 존재로서 이웃을 사랑하고 섬기는 삶Evangelism을 살도록 이끄는 것이다. 그로 인해 온라인 사역의 궁극적 목적은 그들이 하나님의 영광을 드러내는 백성이 되게 하는 데 집중된다. 당연히 모든 사역은 의미와 의도성intention을 지닌다. 다음 표는 제이 크란다에 의해 제시된 온라인 사역의 목표와 이를 실현하는 방식이다.

목적	과제	사도행전 2:42-47	목표	온라인 사역 적용
전도	복음 전파	"…주께서 구원받는 사람을 날마다 더하게 하시니라"	선교	온라인 예배로 초청하기
예배	경배	"…떡을 떼며 오로지 기도하기를 힘쓰니라"	찬양	온라인 예배
교제	격려	"…서로 교제하고… 믿는 사람이 다 함께 있어… 날마다 마음을 같이하여… 음식을 먹고"	멤버	온라인 소그룹
제자화	교화	"그들이 사도의 가르침을 받아…"	성숙	온라인 제자훈련 클라스
봉사	훈련	"…각 사람의 필요를 따라 나눠 주며"	사역	온라인 예배 및 소그룹 섬김

표에서 보는 것처럼 온라인 사역의 기둥은 온라인 예배와 소그룹, 교육과 섬김으로 구성된다. 단순히 예배를 스트리밍하는 차원과는 완전히 다

른 접근이다. 사실 온라인 사역의 가장 큰 장점은 시간과 공간을 초월해 많은 사람에게 메시지를 노출하고 쉽게 연결할 수 있다는 점이다. 그러나 그 이면에는 구속력을 갖지 못한다는 약점도 있다. 따라서 온라인 사역의 성패는 클릭 수가 아니라 얼마나 많은 사람을 제자화 할 수 있도록 하느냐 와 연결된다.

예수님의 사역 또한 이와 같았다. 그분의 일차적 사역은 큰 무리를 향해 있었다요 6:2. 가르침뿐만 아니라 기적과 표적을 통해 하나님 나라의 복음 을 대중에게 노출시켰다요 6:11-14. 온라인 용어로 본다면 예수님은 대중에 게 적극적으로 다가가셨다reaching. 그 결과 수많은 사람이 예수님의 뒤를 따라다니는 적극적 관찰자가 되었다. 온라인 매체와 다양한 SNS를 통해 예배와 사역을 노출하는 일도 이와 같다. 대중의 관심을 끌어 팔로워가 되 게 하고 예수님과 연결될 수 있도록 하는 것은 필요한 전략이다.

그다음은 연결engagement의 단계다. 예수님은 단지 많은 수의 대중이 관심 을 보인 것에 만족하지 않으셨다. 그분은 질문과 대화를 통해 더욱 적극적 인 관계로 그들을 초청하셨다요 6:26. 물론 그분의 질문과 대화는 현세 중심적 인 가치관이 있던 대중에게 그리 매력적이지 않았다. 아쉽게도 대다수 군중 은 떠나고 소수의 제자만이 남았다. 그러나 예수님은 그것에 연연해하지 않 으셨다. 오히려 의도하신 것처럼 보인다. 예수님은 끝까지 남은 자들을 훈 련discipling하시는 데 당신의 모든 시간과 열정을 쏟아부으셨다요 6:66-69.[3]

온라인 사역은 노출이 중요하다. 대중에게 열린 접근을 해야 한다. 그러나 그것에 머물면 안 된다. 그 가운데 목마른 영혼을 찾고 성숙에 이르는 훈련과 공동체를 제공해야 한다. 이를 통해 책임감 있는 성도가 되고 세상에서 빛과 소금의 역할을 감당할 수 있는 참된 제자가 될 수 있도록 해야 한다.

필자가 속한 교회에서는 팬데믹 기간에도 온라인을 통해 지속적인 새 가족 교육과 소그룹 사역, 리더 훈련 등을 진행해 왔다. 적극적으로 온라인 사역을 기획하고 다양한 채널을 통해 예배를 노출하고 관심자를 찾았다. 그렇게 연결된 사람들이 5주간의 온라인 교육과 훈련에 참여했다. 그 과정을 마친 성도들은 다시 온라인 소그룹에 참여하게 되었는데, 정착률이 굉장히 높았다. 나아가 교회는 그들이 세상을 섬기는 삶을 살도록 다양한 기회를 제공했다. 이 과정을 끊임없이 반복했다. 그 결과 교회는 팬데믹 상황에서도 매우 역동적으로 움직였고 열매 또한 컸다. 건강한 온라인 사역을 원한다면 큰 그림을 그리고 적극적인 실천을 해야 한다.

여기서 또 한 가지 중요한 사항이 있다. 바로 사역이 이뤄지는 플랫폼에 관한 것이다. 제이 크란다는 사도행전 5장 42절의 말씀을 근거로 다음과 같은 표현 방식을 제시한다.

"그들이 날마다 성전에 있든지 집에 있든지 예수는 그리스도라고 가르치기
와 전도하기를 그치지 아니하니라"_ 사도행전 5:42

사도행전 5:42	지역교회의 표현	온라인 교회의 표현
성전에 있든지	예배	온라인 예배
집에 있든지	소그룹 사역	온라인 소그룹 사역
가르치기	수업, 코스, 커리큘럼	온라인 러닝 플랫폼, 줌 모임
전도하기	소셜 미디어와 광고	소셜 미디어와 광고

기존 교회가 건물 중심의 사역을 했다면 온라인 교회는 플랫폼을 기반으로 한다. 그렇다면 어떤 플랫폼을 활용해야 할 것인가. 오늘날 플랫폼은 매우 다양하다. 예배 스트리밍을 위해 교회 홈페이지나 유튜브, 페이스북 라이브, 카카오톡을 활용할 수도 있고 소그룹 공동체를 위해 페이스북 그룹이나 줌zoom 등을 사용할 수 있다. 온라인 교육과 훈련을 위한 방식도 마찬가지다. 줌을 통한 실시간 강의, 유튜브를 통한 녹화 강의, 라잇나우RightNow 미디어와 같은 온라인 콘텐츠 활용 등 선택의 폭이 넓어지고 있다. 핵심은 특정 플랫폼 대신 교회가 타깃 하는 사람들의 기호와 문화에 맞는 플랫폼을 활용해야 한다는 점이다.

피지털 처치Phygital Church

온라인 사역에 대한 망설임은 아마도 현장 예배를 살리고 회복하려는 갈망 때문일 것이다. 그렇지만 현실적으로 메타버스에 올라타려는 대중을 끌어 내릴 방법은 없다. 세상은 이미 거대한 변혁의 파고에 휩쓸렸다. 앞으로는 현실과 가상이 혼합된 문화가 걷잡을 수 없을 정도로 빠르게 정착될 것이다. 교회는 이 지점에서 선택해야 한다. 이제까지 기독교 공동체가 새로운 기술에 대해 취해 왔던 무조건적인 낙관주의optimism나 정반대의 비관주의pessimism는 도움이 되지 않는다. 물론, 새로운 기술이 누군가에게는 세상을 변화시키고자 하나님께서 주신 기회일 수도 있고, 또 다른 사람에게는 세상의 질서를 깨고 관계를 파괴하는 비인간화의 원인이 될 수도 있다.[4] 생산적인 관점은 발전하는 기술을 선교의 도구로 보고 어떻게 활용할 것인가instrumentalism를 찾는 태도다.

그런 관점에서 온라인 사역은 지금보다 내일을 위해 더 중요할 것이 분명하다. 물론 그렇다고 해서 오프라인을 온라인으로 완전히 대체하자는 것은 아니다. 또 그래서도 안 된다. 미래 교회는 온라인과 오프라인이 유기적으로 상호작용을 할 때 희망이 있다. 그런 맥락에서 최근 대두된 '피지털 처치'에 대한 개념을 이해할 필요가 있다. 이 말은 물리적 교회를 의미하는 '피지컬physical'과 온라인 교회를 나타내는 '디지털digital'이 융합된 표현이다. 오프라인 교회가 가지고 있는 교회 본연의 장점과 온라인 교회가 지닌 접근성과 확장성을 결합하는 모델이다. 마치 오프라인 매장의 일인자였던 월마트가 온라인 마켓을 강화하고, 온라인 마켓의 대명사였던 아마존이 '아마존 고'나 '아마존 북스', '아마존 프레시' 같은 오프라인 매장을 여는 이유와 유사하다. 오프라인과 온라인이 갖는 장점을 극대화해서 자신만의 생태계를 구축하려는 의도가 깔려 있다.

이 시대에 효과적인 복음 전파와 보다 유연한 사역을 원한다면 '피지털' 개념을 더 적극적으로 활용해 보자. '언제', '어디서든' 접속해 연결되고 훈련할 수 있는 온라인 사역이 오프라인과 연계되어 시너지를 발휘할 수 있다면 교회는 훨씬 더 긍정적인 미래형 사역을 하게 될 것이다. 이제 온라인에서 오프라인으로, 오프라인에서 온라인으로 오가는 사역이 가능한 로드맵을 만들어 보자. 이를 통해 우리에게 부여된 비전과 목적을 붙잡고 나아가는 교회 공동체가 될 수 있기를 기대해 본다. 자, 이제 이러한 열정을 가지고 온라인 사역의 혁신을 이루고 있는 교회들을 통해 우리 교회와 공동체에 적용 가능한 새로운 길을 탐색해 보자.

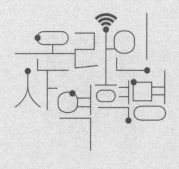

새들백 처치

새들백 처치
Saddleback Church

비전과 가치를
온라인으로 실현하다

'목적이 이끄는 교회'로 알려진 새들백 처치는 개척 초기부터 '예수님을 알지 못하는 사람들에게 복음을 전하고 그들이 영적 제자로서 성장하며 성숙할 수 있도록 돕는 일'에 초점을 맞추고 사역해 왔다. 하나님 앞에서 온전한 '한 사람'을 세우기 위해 이제는 온라인 사역으로 그 역량을 집중하고 있는 새들백 처치. 새들백 처치가 거쳐 온 지난 40년간의 사역을 함께 돌아보며 시대에 맞는 선교적 대응이란 무엇인지 고민해 보자.

새들백 처치
Saddleback Church

비전과 가치를
온라인으로 실현하다

21세기 교회론의 가장 큰 변화는 '교회란 무엇인가?'라는 질문과 함께 시작됐다. 이 물음은 수백 년 동안 이어진 건물 중심 신앙에 물음표를 제기하며 교회는 가는 곳go to church이 아니라 살아 내는 것being church & doing life이라는 신앙의 본질을 되찾게 했다. 이는 곧 하나님의 백성인 '우리가 교회we are church'이고 그 공동체가 존재하는 곳이 교회라는 의미로 연결된다. 그리고 그러한 변화의 기폭제가 된 것이 코로나19이다. 코로나19 바이러스는 교회의 존재 양식과 모임에 대한 근간을 흔들어 놓았다. 순식간에 모임의 중심축을 건물에서 사람으로, 주일에서 일상으로 변화시켰을 뿐만 아니라 모임의 공간 역시 오프라인에서 온라인으로 확장시켰다.

미국의 경우 코로나19가 발생한 이후 10만 개 이상의 교회가 예배 스트리밍 서비스를 새롭게 시작했다고 한다. 한국의 경우도 다르지 않다. 어쩔 수 없이 시작된 온라인 사역이지만 지속적인 경험과 배움을 쌓아가면서 온라인 사역에 대한 인식과 가치가 새로워지고 있다. 무엇보다 온라인이 이 시대의 선교지임을 알게 되었다. 남녀노소, 세대와 국적의 경계를 넘어 가장 많은 사람이 모여 사는 곳이 온라인이다. 변화된 시대 환경이 교회를 선교의 새로운 영역new territories of mission으로 인도했다. 이제 교회는 상상력과 창의력을 동원해 선교적 대응을 해야 한다.

이러한 상황에서 온라인 사역의 특징과 흐름을 이해하고 한국 교회에 적용할 수 있는 원리를 찾아야 한다. 그러기 위해서 온라인 사역은 어떻게 시작해야 하고 무엇을 향해 나아가야 할지, 또 그러한 사역을 하는 북미 교회들의 모습은 어떠한지 다양한 사례를 통해 알아보자. 먼저, 한국 교회에도 널리 알려진 새들백 처치의 온라인 사역을 살펴보자.

온라인 사역, 비전과 함께 시작하라

온라인 사역은 어디에서부터 시작해야 할까? 언뜻 생각하면 컴퓨터, 영상, 촬영, 플랫폼 같은 단어들이 먼저 떠오를 수 있다. 또 누군가에게는 인력과 자본, 기술을 가진 대형 교회들의 전유물처럼 여겨질 수도 있다. 그러나 가장 큰 오류는 온라인 사역을 현재 상황에 대응하기 위한 임시적 도구 정도로 여길 때 발생한다.

모두가 알다시피 세상이 바뀌었다. 사람들이 살아가는 문화와 방식이 바뀌었다. 디지털 혁명으로 인해 21세기는 이전과 전혀 다른 세상이 되었다. 대화와 소통의 문제만이 아니다. 삶을 살아가는 공간과 그 속에서 이뤄지는 사람들의 상호작용, 그리고 연합과 연대를 이루는 사회 공동체의 환경과 역할이 바뀌고 있다. 그 중심에 디지털과 온라인이 있다. 만약 교회 공동체가 시대를 바로 읽고 오늘날 온라인 공간에서 어떻게 복음을 전할 것인가를 심각하게 고민할 수 있다면, 사역의 내용과 비중이 달라질 것이다. 마이런 피어스Myron Pierce는 디지털 시대의 현실을 논하면서 질적인 측면에서 교회의 사역은 사람들의 관심을 끌 수 없다고 말한다. 세상은 이미 자기 세계의 개척자와 영웅을 가지고 있기에 영향을 미치는 방식이 달라져야 한다는 것이다. 이는 곧 비전의 문제와 관련이 있다. '만약 우리의 비전이 계획한 제품보다 크지 않다면' 교회는 계속 쇠퇴할 수밖에 없다.[5] 그렇기에 온라인 사역의 출발은 비전을 세우는 일로부터 시작해야 한다.

● 온라인 사역의 비전은 무엇인가?

● 우리는 왜 온라인 사역을 하려 하는가?

● 온라인 사역을 통해 이루고자 하는 목적이 무엇인가?

사역에 대한 목적과 비전이 분명해질 때 이를 수행하기 위한 전략과 방법이 세워질 수 있다. 새들백 처치는 목적이 이끄는 교회로서 온라인 사역에 대한 분명한 비전과 방향을 세웠고 이로 인해 지속적인 발전과 변화를 경험하고 있다. 그들이 가지고 있는 비전은 무엇인가? 그들은 40년 전 교회를 처음 개척했을 때 가졌던 비전을 여전히 간직하고 있다. 즉, 예수님을 알지 못하는 사람들에게 복음을 전하고 영적 제자로서 성장하며 성숙할 수 있도록 돕는 일이다. 그리고 이 비전이 오프라인에서뿐만 아니라 온라인상에서도 이뤄질 수 있다고 믿는다. 한마디로 압축하면 새들백 처치 온라인 사역의 특징은 '오프라인 사역을 온라인으로 연결하고 실현하는 구조'라고 정리할 수 있다.

온라인 사역의 흐름과 내용

새들백 처치 온라인 사역의 현황을 알아보기 위해서는 우선 온라인 캠퍼스라는 용어를 이해할 필요가 있다. 오늘날 새들백 처치는 총 18개의 캠퍼스로 구성된 멀티 사이트 교회이다. 잘 알려진 바와 같이 새들백 처치의 중심축은 소그룹 사역이다. 약 9천여 개의 소그룹이 있는데 그 가운데서 3천여 개가 온라인 캠퍼스에 속해 있다. 메인 캠퍼스보다 더 많은 소그룹이 온라인 캠퍼스에 속해 있다는 사실을 기억한다면 교회의 특징과 흐름이 어떻게 흘러가고 있는지 미루어 짐작할 수 있다.

실상 많은 교회의 현실을 보면 온라인을 오프라인 사역의 보조적 수단으로 취급하고 그나마도 대부분 온라인 예배에 편중된 경향이 있다. 그런데 새들백 처치는 이미 오래전부터 디지털로 변화하는 문화 상황을 읽고, 어떻게 하면 오프라인에서 이뤄지고 있는 사역을 온라인으로 가져올 수 있을까를 고민했다. 그러면서 오프라인에서 이뤄지고 있는 대부분의 사역, 예를 들어 예배, 교육, 훈련, 교제, 상담, 섬김, 봉사 같은 영역들이 온라인에서 이뤄질 수 있음을 알게 되었다. 그들은 온라인을 통해 신앙과 접속하고 교회 공동체의 일원이 되며, 함께 영적 성장과 성숙으로 나아갈 수 있음을 믿는다.

온라인 신앙 여정

이 그림은 새들백 처치의 온라인 사역을 연구하면서 사역 흐름을 그려본 것이다. 그림에서 보듯 새들백 처치의 온라인 사역은 한 사람의 신앙 여정과 그 맥을 같이 한다. 구체적인 내용은 다음과 같다.

방문에서 연결로

처음 온라인 사역에 참여하게 되는 사람들은 대부분 웹 사이트나 유튜브, 페이스북, 인스타그램과 같은 매체를 통해 예배에 접속하거나 설교를 듣게 된다. 새들백 처치는 이렇게 연결된 사람들을 초청한다. 핵심 역할을 하는 것이 바로 디지털 커넥션 카드connection card인데 교회는 의도적으로 메시지 창 바로 아래 이 카드를 배치했다. 메시지를 들은 사람들의 필요를 파악해 다음 단계로 나아갈 수 있도록 돕기 위해서다. 아래 그림에서 보는 것처럼, 커넥션 카드에는 매우 구체적인 내용이 담겨 있다.

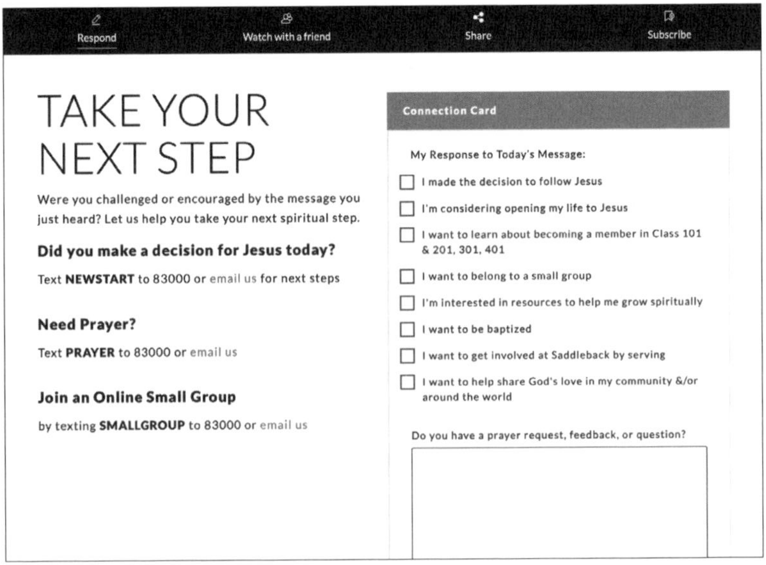

디지털 커넥션 카드[6)]

Re _ Connect
온라인 사역 혁명

- 나는 예수님을 따르기 원합니다.

- 나는 예수님께 내 삶을 여는 것을 고려하고 있습니다.

- 나는 멤버가 되기 위해 클래스 101, 201, 301, 401 과정을 배우기 원합니다.

- 나는 소그룹에 속하기 원합니다.

- 나는 영적으로 성장하기 위한 자료에 관심이 있습니다.

- 나는 세례 받기 원합니다.

- 나는 새들백에서 봉사하기 원합니다.

- 나는 내가 사는 지역 또는 세계에서 하나님의 사랑을 전하는 일을 돕고 싶습니다.

용기를 내어 디지털 커넥션 카드를 작성한 사람은 그 내용에 따라 담당 자원봉사자들이나 사역자에게 연결되고 그에 맞는 도움을 받는다.

연결에서 멤버십으로

온라인 사역 담당자인 제이 크란다는 "책에서 서론이 중요하듯이 온라인 교회의 일부가 되기 위해서는 교회의 기대가 무엇이고 또 어떻게 연결될 수 있는지에 대한 과정을 선명하게 보여 주는 것이 중요하다"라고 말한다. 입문한 후 성장으로 이끌 수 있는 그림이 필요하다는 것이다. 클래스 101, 201, 301, 401은 교회의 멤버가 되고자 하는 사람들을 위해 준비된 교

육 과정이다. 이 과정은 소속belong, 성장grow, 섬김serve, 나눔share의 길path
을 다룬다. 구체적으로는 새들백 처치의 비전과 목적, 역사와 멤버가 되
는 과정으로부터 시작하여 삶의 목적과 주어진 은사를 통해 섬겨야 할 대
상과 삶의 방식을 배운다. 이 과정은 교회 설립 초기부터 실시된 DNA 과
정이라 할 수 있는데 온라인 성도들을 위해 줌이나 화상을 통해 교육한다.
본 과정을 이수하고 멤버십 서약을 한 성도들은 소그룹에 참여할 자격이
주어진다.

여기서 주목할 만한 한 가지 사실은 다른 교회에 다니고 있는 기존 성도
들은 새로운 멤버가 될 수 없다는 점이다. 교회를 다니지 않거나 교회에서
떨어져 살던 사람들을 대상으로 삼고 있기에 더욱 그들의 필요에 민감하
게 반응하고 있음을 느낄 수 있었다.

멤버십에서 소속으로

새들백 처치는 앞서 언급한 것처럼 약 9천여 개의 소그룹이 존재하는
데, 성도들은 소그룹을 통해 소속감과 영적 성숙을 경험한다. 사실 한 교
회에 수천 개 소그룹이 존재하고 온라인 소그룹만 3천 개가 된다는 게 상
상이 잘 가지 않는다. 그러나 온라인 소그룹 사역을 담당하고 있는 한국인
1.5세 케빈 리Kevin Lee 목사를 통해 새들백 처치 소그룹 사역의 비밀은 최
대한 쉽고 가볍게 만들어 운영하고 있음을 알게 되었다. 사실, 소그룹 사

Re _ Connect
온라인 사역 혁명

역이 힘든 이유는 리더를 찾고 세워가는 일이 쉽지 않기 때문이다. 새들백 처치의 경우에는 초기부터 급속한 성장 속도에 따라 리더를 세우는 것이 불가능했다. 그래서 선택한 것이 리더가 교사가 되어 가르치는 마스터 교사 모델master-teacher model이 아닌 누구나 리더가 되고 인도할 수 있는 촉진 모델facilitation model이었다.[7] 이 모델은 목회자들이 교육을 담당하고, 리더는 모임의 진행을 맡는 구조다. 리더가 영적 책임을 지지 않기 때문에 부담이 줄어든다. 모임의 순서와 구성 역시 매우 단순하다.

① 구성원들은 리더가 보내 준 링크를 통해 온라인 공간zoom에 참여한다.

② 간단한 인사와 교제를 나눈다.

③ 사역자들이 미리 준비한 20~25분 정도의 비디오 강의를 시청한다.

④ 스터디 가이드에 나온 몇 가지 질문을 서로 나누며 토론을 한다.

⑤ 마무리를 하고 마친다.

새들백 처치의 온라인 소그룹은 오프라인의 형식과 내용을 그대로 온라인으로 가져와 실행한다. 장소는 바뀌었지만 내용과 형식은 같다.

소속에서 성장으로

새들백 처치는 성도의 성장과 성숙을 위해 다양한 교육을 한다. 대표적으로 영적 성숙이나 복음 전도, 헌신, 리더 훈련 등 전형적인 교육 프로그램이 제공되고 중독이나 상처받은 사람들을 위한 회복 사역celebrate recovery

등도 활발히 진행되고 있다. 반면에 개인의 필요와 상황에 따른 맞춤형 교육도 이루어지고 있었는데, 개인적으로는 이 점이 매우 인상적이었다. 새들백 처치는 지금까지 해 왔던 설교와 교육, 강의 자료 등을 디지털 자료화해서 그것을 주제별로 묶고 성도들의 영적 성장을 도울 수 있도록 체계화했다.

나는 이 부분이 온라인 사역의 장점이라고 생각한다. 만약 오프라인 사역만 할 수 있다면 개인의 필요에 따른 교육은 제한적일 수밖에 없다. 그러나 온라인에서는 그 한계를 넘어설 수 있다. 그림에서 보듯, 교회는 성도들의 영적 성장과 관련이 있는 큰 주제를 카테고리화하고, 이 안에 세부적인 주제들이 담긴 내용을 온라인 콘텐츠로 만들어 제공한다. 물론, 이것은 기존 설교나 강의 등을 디지털화했기에 가능한 일이다. 새들백 처치는 '디지털 트랜스포메이션digital transformation'을 통해 교육과 훈련이 온라인에서 이뤄지도록 만들었다. 그러나 나는 이러한 사역이 일반 교회에서도 가능하다고 믿는다. 이제까지 우리 역시 얼마나 많은 설교와 교육을 해 왔는가. 이제부터라도 자료를 축적하고 디지털화해서 온라인 사역과 연동시킬 수 있다면 머지않은 미래에 맞춤형 교육과 훈련을 할 수 있을 것이다.

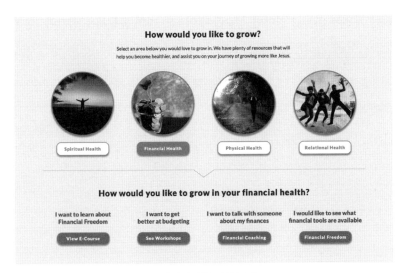

디지털 맞춤 사역 주제

성장에서 섬김으로

새들백 처치는 '모든 성도는 사역자'라는 모토를 가지고 있다. 따라서 훈련과 교육을 통해 영적 성장을 이룬 성도들은 다양한 사역에 참여하게 된다. 이를 위해 교회는 성도들이 교회와 지역사회 그리고 세계 선교를 위해 나아갈 수 있도록 지속적으로 자극하고 격려한다. 모든 사역은 자발적으로 이뤄지기 때문에 웹 사이트나 앱app을 통해 사역을 공개하고 원하는 사람은 누구나 참여할 수 있도록 구체적인 내용을 제공한다. 지금 우리 교회의 홈페이지는 어떠한지 생각해 보자. 혹시 단순한 소식과 정보를 제공하는 차원에 머물고 있다면 성도들이 이웃과 지역 공동체를 섬기며, 세계 선교를 향해 나아갈 수 있는 기회가 제공되고 연결될 수 있도록 그 구성과 내용을 변화시킬 수 있으면 좋겠다. 성도는 교회가 꿈꾸는 만큼 변화되고 바뀔 수 있다.

첫째, 비전을 점검하라. 온라인 사역의 핵심은 얼마나 훌륭한 콘텐츠를 만들어 멋지게 방송하느냐에 있지 않다. 온라인에서 무엇을 할지 정하는 일이 우선 되어야 한다. 오늘날 기술의 발전은 오프라인에서 행했던 대부분의 사역을 온라인에서 실현할 수 있게 만들었다. 그러나 많은 일을 하는 것이 온라인 사역의 목적이 되어서는 안 된다. 누구를 대상으로 무엇을 할지가 분명해야 한다. 디지털을 통해 무엇을 하고 싶은지 그 사역을 위한 비전과 그림을 그리는 것이 중요하다. 새들백 처치는 처음부터 교회를 좋아하지 않는 사람들을 위해 교회를 설립하는 꿈을 꾸었다. 그 꿈을 실현하기 위해 복음 전도와 가족으로서의 교제, 하나님의 사랑을 증명하기 위한 사역과 제자도, 예배라는 목적을 세웠다. 그들은 오늘날도 여전히 이 사명을 온라인에 있는 사람들 가운데에서 실행하고 있다.

둘째, 가장 중요하고 잘해 왔던 사역을 먼저 시작하라. 모든 일은 도면을 그리고, 기초를 세우고, 골격을 형성하고, 내용물을 채우는 과정을 통해 이뤄진다. 이 과정은 시간과 경험을 요구한다. 적어도 수개월에서 수년의 시간이 걸릴 수도 있다. 어디에서부터 온라인 사역을 해야 할 것인가? 교회에서 해 왔던 일 중 가장 잘해 왔고 핵심이라 여겨왔던 사역을 먼저 시도하라. 그것은 마치 새들백 처치의 클래스

101처럼, 교회의 핵심 가치와 연결되어 있을 것이고 반복을 통해 익숙해졌을 것이다. 그 사역을 온라인화하고 경험을 통해 확장하는 전략이 필요하다.

셋째, 디지털 트랜스포메이션을 시도하라. 새들백 처치의 온라인 사역은 오프라인과 대립하거나 대체하는 것이 아니다. 온라인을 통해 오프라인 사역을 계승하고, 성도들이 더욱 성숙하고 변화되도록 돕는 채널이다. 창의적인 공간인 온라인은 오프라인에서 이뤄지고 있던 사역을 변화시키는 과정을 통해 그 기반이 튼튼해진다. 새들백 처치의 다양하고 풍성한 온라인 사역들은 오프라인에서 축적된 사역이 있었기에 가능했음을 잊지 말라. 이를 위해 그들은 오래전부터 자료들을 디지털화했고 이를 분류하고 보관해 맞춤형 사역에 활용했다. 이제까지 교회에서 해 왔던 설교와 교육, 강의, 특별 집회 등의 자료를 디지털화하고 분류하는 일을 해 보자. 이를 기반으로 맞춤형 사역을 기획하고 구성해 보는 것도 의미가 있다.

넷째, 성도의 신앙 여정을 품고 그림을 그리고 콘텐츠를 만들라. 새들백 처치는 복음을 받아들인 비신자가 성령 안에서 성장하여 교회와 세상을 섬기는 모든 과정을 커리큘럼으로 만들었다. 어떻게 온라인으로 복음을 듣게 할 것인가? 어떻게 온라인을 통해 성장과 성숙에 이르게 할 것인가? 어떻게 온라인을 통해 세상을 섬기는 사명자의 삶을 살게 할 것인가? 이러한 본질적인 질문과 고민을 하다 보면 교회 형편과 대상에 맞는 콘텐츠를 개발할 수 있을 것이다.

다섯째, 온라인 공동체를 형성하고 오프라인으로 연결될 수 있도록 하라. 새들백 처치는 온라인상에서 성도들을 공동체로 묶고 그 안에서 함께 성도의 교제와 삶을 살 수 있도록 돕는다. 이를 위해 누구나 리더가 될 수 있고 쉽게 참여 할 수 있게 했다. 그 결과 새들백 처치의 온라인 공동체는 미 전역뿐만 아니라 세계 여러 곳에 존재한다. 그렇지만 온라인 공동체라 해도 온라인상에서만 머무는 것이 아니다. 가급적 온라인 공동체가 오프라인에서 만날 수 있도록 격려한다. 오프라인에서 만나게 될 때 더 끈끈한 공동체성이 형성되기 때문이다. 그러므로 편리성과 확장성을 가진 온라인 사역의 특징을 극대화하되 공동체로 모여 소속감을 느끼고 함께 돌보며 성장할 수 있는 문화를 만드는 게 중요하다. 이것이 바로 온라인과 오프라인이 연결되어야 하는 중요한 이유이다.

새들백 처치는 지난 40년 동안 급변하는 세상의 변화를 선교적으로 받아들여 대응하는 사역을 능동적으로 감당해 왔다. 온라인 사역 역시 같은 맥락 속에서 이루어졌다. 복음으로 세상을 변화시키고자 하는 뚜렷한 비전을 품고 있다면 온라인을 외면할 수 없다. 그곳에 있는 사람들을 복음으로 섬겨야 한다. 오프라인의 비전이 온라인으로 이어지고 구현될 수 있기를 바란다. 그로 인해 더욱더 능동적이고 창의적인 사역이 일어날 수 있기를 바란다.

라이프 처치

라이프 처치
Life.Church

하나님 나라 복음을
디지털에 담다

미국에서 가장 혁신적이고 빠르게 성장했다고 평가받는 라이프 처치는 조그만 차고에서 시작하여 현재 30여 캠퍼스에 7~8만 명이 넘는 초대형 교회가 되었다. 라이프 처치의 혁신적인 사역은 늘 논란의 중심에 있었지만, 온라인 예배에 힘을 쏟은 결과 매주 30만 명이 넘는 성도가 함께 예배드리고 있다. '복음 전도'를 중심으로 한 크레이지(crazy)하고도 창의적인 도전. 라이프 처치의 사역을 통해 온라인 사역의 창조적인 인사이트를 얻을 수 있을 것이다.

라이프 처치
Life.Church

하나님 나라 복음을
디지털에 담다

혁신의 공식

21세기는 변화와 혁신의 시기이다. 급격한 기술과 과학의 발전은 모든 것을 바꿔 나가고 있다. 변하지 않으면 죽는다는 사실을 운명처럼 받아들이는 시대 속에서 교회 또한 혁신에 대한 도전을 마주한다. 그러나 혁신은 쉽지 않다. 교회가 시대에 맞는 혁신을 이루기 위해 필요한 요소는 무엇일까? 라이프 처치의 크레이그 그로쉘Craig Groeschel은 다음과 같은 공식을 제시한다.

문제 + 제한된 자원 + 기꺼이 실패하려는 의지 + 크레이지(crazy) 아이디어

위대한 혁신은 항상 제한된 자원을 가지고 문제를 해결하는 노력 속에서 발생했다. 문제가 새로운 돌파를 위한 기회라고 생각한다면 실패에 대한 공포 또한 극복할 수 있다. 실패를 자연스럽게 여기며 틀 밖의 사고를 통해 모험을 시도하는 노력이 혁신을 만든다.[8]

불과 얼마 전까지만 해도 온라인 사역에 대한 교회 내 견해는 부정적인 것으로 가득했다. 교회론적 논의는 차치하더라도 현실적인 면에서 몇 가지 이유가 있었다. 먼저는 온라인 사역은 오프라인 사역과 대척점에 서 있다는 견해다. 온라인 사역에 힘을 기울일수록 기존 사역은 약화할 것이고 같은 맥락에서 온라인 성도가 늘면 오프라인 성도가 감소할 것으로 생각했다. 또 다른 관점은 온라인 사역의 높은 진입 장벽에 대한 편견이다. 예배를 촬영하고 프로그램을 만들어 송출하기 위해서는 교회 내에 방송 전문가와 값비싼 장비가 있어야 한다. 따라서 이러한 사역은 대형 교회의 전유물일 거라는 오해가 있었다. 물론 코로나19로 인해 이런 사고에 일대 변화가 발생하고 있지만, 불과 얼마 전까지만 해도 온라인은 특수 사역의 영역 정도로 여겨져 왔다. 그러나 여기에 저항하며 십수 년 전부터 온라인 예배 플랫폼을 만들고 복음을 전 세계에 전하겠다는 모험 정신을 가지고 도전을 한 교회가 있다. 그곳이 바로 라이프 처치다.

복음을 위한 크레이지 한 사고와 도전

라이프 처치는 1996년 크레이그 그로쉘이 조그만 차고를 개조해 소수의 사람과 시작한 교회다. 2021년 현재 미 전역 30여 캠퍼스에 7~8만 명이 넘는 초대형 교회가 되었다. 미국에서 가장 혁신적이고 빠른 성장, 가장 큰 교회라는 호칭과 더불어 최초의 본격적인 온라인 교회로 인정받는 라이프 처치는 팬데믹 상황 속에서 더 큰 영향력을 발휘하고 있다. 이전까지만 해도 미국의 지형과 인구분포도를 고려할 때 전문가들이 본 교회 성장의 최대치는 약 2만 명 정도의 수준이었다. 그 유명한 윌로우크릭 처치Willow Creek Community Church나 새들백 처치의 성도 수가 2만 명 대인 이유도 이와 같다. 그런데 라이프 처치는 개척한 지 10년 만에 2만 명을 넘었고 20년 만에 7만 명, 현재는 그 수를 훨씬 초과하고 있다. 사실 숫자 자체가 주는 압도감도 놀랍지만, 기존의 틀을 깨 왔던 사역들은 언제나 논란의 중심이 되었다. 혁신은 누군가에게는 영감을, 또 다른 누군가에게는 도전을 준다. 라이프 처치의 여정이 그랬다. 여기서는 온라인 사역의 개척자이며 플랫폼 제공자로서 라이프 처치 온라인 사역의 특징과 의미, 적용 원리를 살펴보고자 한다.

먼저, 교회 성장의 원동력을 살펴볼 필요가 있다. 과연 무엇이 성장의 지속성을 이끌어 가고 있는가 하는 점이다. 라이프 처치는 복음 전도에 목숨을 건 교회다. 교회의 모든 노력이 믿지 않는 사람들을 향해 있다. 이 가치가 분명하다 보니 교회는 항상 시대 변화에 민감하게 반응하고 접촉점을 만들려 한다. 누구든지 환영받고 사랑받고 있음을 체감할 수 있는 배려가 문화로 자리 잡았다. 그렇다고 해서 교회가 편안함만을 추구하는 것은 아니다. 크레이그 그로셸은 이것을 사역의 역설paradox이라고 표현했는데, 모든 모임을 통해 참여자들은 자신의 죄 된 실상을 깨닫고 진리의 말씀 앞에 서게 하는 도전을 한다. 이 역설적 가치가 깊이 뿌리 내려 교회를 이끌어 가고 있다.[9]

또 다른 특징은 변화를 두려워하지 않는 혁신적 사고와 실천력이다. 그들은 '우리는 누구도 접근하지 않는 사람에게 다가가기 위해 아무도 하지 않는 일을 해야 한다. 그러나 아무도 하지 않는 것을 하기 위해 모든 사람이 할 수 있는 일은 하지 않는다'라는 가치를 가지고 있다. 성도가 2만 명이 되었을 때를 회고하며 크레이그 그로셸은 다음과 같이 말했다. "우리 지역에 사는 믿지 않는 사람들과 숫자를 비교하기 시작했을 때 2만 명은 너무 작게 느껴졌다." 이러한 사고는 '크고 성공적인 교회가 아닌, 위대한 비전을 가진 작은 교회'로 자신을 여기게 했다. 한계를 넘어선 크레이지 한 생각과 도전이 계속된 이유다.

흥미로운 점은 그 동안 교회 이름이 세 번이나 바뀌었다는 사실이다. 처음 '라이프 커버넌트 처치Life Covenant Church'에서 '라이프 처치 닷 티브이

LifeChurch.tv'로, 2015년에는 다시 '라이프 닷 처치Life.Church'로 변경했다. 교회의 이름은 그들의 관심과 역량이 어디에 집중되어 있는지를 보여 준다. 초창기에는 당시 흐름을 반영한 구도자 중심의 사역을 했다. 이후 거의 최초의 멀티 사이트multi-site 교회로 변화되었는데, 이때는 위성을 통해 예배를 중계하는 형태가 주 사역이었다. 라이프 처치 닷 티브이는 이러한 특징을 반영한 이름이었다. 현재는 디지털과 온라인 사역에 초점을 맞추고 있다. 라이프 닷 처치라는 이름 역시 현재 교회의 성격을 드러낸다.

라이프 처치의 온라인 교회는 2006년에 시작되었다. 당시에는 온라인 예배에 대한 개념이나 시도가 전무했던 때였다. 그러나 세상 문화는 변했고 이에 반응하지 못하는 교회로부터 사람들이 멀어지고 있는 현상을 그들은 주목했다. 2016년 퓨 리서치 센터Pew Research Center에 의하면 '예전보다 덜 교회에 가는 사람들은 그곳에 가기 위해 계획을 세우는 것 자체가 가장 큰 방해 요소'라는 조사 결과를 밝히기도 했다. 교회에 가기 위한 생각과 계획 자체를 귀찮게 여기는 시대가 되었다면 전혀 교회를 다니지 않았던 사람에게 교회는 어떤 존재가 되었을까? 그들에게 교회는 어떻게 접근해야 할까? 사람들의 생활 무대가 온라인으로 옮겨가는 시점에서 교회는 복음을 전하기 위해 어떤 결정을 해야 할까? 그런 고민 속에서 온라인 교회가 시작되었다. 기존 오프라인 사역과 더불어 복음을 전하기 위한 방식과 채널을 다양화하기 위해 온라인 교회 사역은 당위성을 가졌다. 그리고 그 결과는 놀라웠다.

온라인 예배의 특성

앞서 언급한 것처럼, 팬데믹과 함께 라이프 처치의 온라인 사역의 영향
력은 더욱 증가하고 있다. 매주 온라인 예배에 접속하는 숫자가 거의 30여
만 명에 달하며 그로 인한 전도의 열매도 크다. 고무적인 사실은 온라인
예배에 참여하는 사람들의 분포가 전 세계적으로 확장하고 있다는 점이
다. 미국을 넘어 인도, 파키스탄, 중동 등 복음 전파가 제한된 국가의 참여
도가 높아지고 있다. 2017년 통계에 의하면 그때까지 온라인 예배를 통해
예수님을 받아들인 수가 10만 명에 이르렀다. 최근에는 이 숫자가 더 증가
하고 있다. 라이프 처치의 온라인 예배의 특징은 무엇일까? 무엇이 이토
록 폭발적인 반응을 만들어 내는 것일까? 그 첫째 비밀은 온라인 예배 플
랫폼에 있다. 아래 그림을 보자.

라이프 처치 온라인 플랫폼

라이프 처치는 온라인 예배를 위해 자체 플랫폼을 개발해 사용하고 있다. 여기에는 예배 스트리밍이 되는 화면과 더불어 채팅, 노트, 성경, 예배 스케줄 등이 제공된다. 화면 옆 또는 아래에는 실시간 기도 요청Request Prayer을 할 수 있는 메뉴도 있다. 사실, 예배에 대한 기존 관념을 가지고 본다면 이러한 구성 자체가 불편하게 느껴질 수도 있다. 예배 중 채팅을 하고 기도 요청을 하는 상호작용 자체가 예배의 경건성을 깨는 행위로 보일 수 있기 때문이다.

그런데 라이프 처치는 이 채팅 기능을 사역의 핵심으로 간주한다. 예배가 시작되면 자원봉사자들이 채팅으로 환영을 한다. 누군가 질문을 하거나 도움을 요청할 때는 즉각적으로 반응한다. 기도 요청 역시 마찬가지다. 누군가 기도 요청 메뉴를 클릭하면 바로 일대일 대화 창이 열린다. 훈련된 봉사자가 기도 제목을 묻고 대화를 나누며 채팅으로 중보 기도를 한다. 이 메커니즘이 놀라운 결과를 가져온다. 많은 사람이 마음을 열고 자신의 연약함을 고백하며 하나님의 도우심을 간구한다. 주님께 자신의 삶을 드리는 결단을 하는 일도 발생한다.

라이프 처치는 예배 참여자들의 참여를 유도하기 위해 의도적으로 여러 장치를 만들었다. 채팅을 통해 신앙적 표현을 하거나 하트나 박수 등 이모티콘을 눌러 감정을 나눌 수도 있다. 마치 예배 시간에 아멘으로 화답하거나 박수를 보내고 손을 올리는 행위를 하는 것처럼, 이러한 기능들은 온라인 예배의 역동성을 불러일으킨다.

어떻게 이런 기능을 추가하게 되었을까? 라이프 처치는 온라인 사역을 현장 사역과 똑같은 원리로 운영한다. 현장 예배를 생각해 보자. 교회는 새로운 신자를 맞이하기 위해 철저한 준비를 한다. 언제 올지 모르는 낯선 사람을 위해 봉사자를 배치하고 최고의 환대를 통해 교회 공동체로 연결하려는 계획과 장치를 한다. 실제 라이프 처치의 주일 모습도 그렇다. 새로운 사람이 교회에 오면 입구에서부터 환대한다. 환영 팀이 곳곳에서 손을 흔들어 맞이하고 골프 카트를 동원해 새가족이 로비까지 이동하도록 돕는다. 온라인상에서는 어떤가? 이러한 환대가 온라인상에서도 필요하지 않을까? 온라인 예배에 참석한 사람들도 누군가의 안내가 필요하다. 그들 역시 공동체로 연결되고 성장하고자 하는 열망을 가지고 있다.

우리가 온라인 사역을 하면서 놓치고 있는 중요한 부분이 바로 여기에 있다. 많은 교회가 온라인 예배를 중계로만 생각한다. 참여한 사람들 스스로 말씀에 은혜받고 어떤 결단이 있기를 바란다. 그러나 우리는 모두 잘 알고 있다. 관계가 형성되지 않은 상태에서 스스로 교회 문 안으로 발을 들여놓는 것이 얼마나 어려운지를 말이다. 채팅과 여러 기능은 바로 이러한 생각에서 시작되었다. 온라인 예배에 접속하는 사람을 환대하고 반응하여 관계를 맺음으로 공동체로 연결하기 위한 사역의 방편이다. 기억하자. 우리에게 주어진 시간은 예배가 이루어지는 한 시간이며, 방문자가 그 속에 머무는 시간은 훨씬 더 제한적이다. 한번 방문한 사람이 재방문할 확률이 거의 없는 게임을 하고 있다는 것을 말이다.

그런 맥락에서 온라인 예배의 역동성을 불러일으키기 위해서는 봉사자들의 역할이 중요하다. 현장 예배와 같이 다양한 봉사자가 필요하고 그들의 사역은 예배 이후에도 계속되어야 한다. 라이프 처치는 봉사자들이 예배 중 접촉한 사람들과 연락을 하여 오프라인 소그룹인 '라이프 그룹'이나 온라인 소그룹에 연결되도록 하고, 영적 성장을 위해 필요한 사역이 지속될 수 있도록 한다. 예배에 접속한 사람 수보다 더 중요한 일이 예배 이후에 이루어진다. 온라인 사역은 봉사자들을 키우고 훈련하는 일과 함께 성장함을 기억하자.

온라인 교회 리소스 개발과 공유

2006년은 교회의 여러 중요한 결정이 내려진 시기였다. 이때 라이프 처치는 본격적인 온라인 사역과 더불어 교회의 모든 리소스를 디지털화하고 이것을 다른 교회와 공유하기로 방향을 설정했다. 물론 이 결정은 쉽지 않았다. 그동안의 설교와 강의, 커리큘럼, 매뉴얼 등을 공유하기 위해 오픈 리소스 사이트를 개설하고 자료를 디지털화하는 것도 큰일이었지만, 이 모든 것을 무료로 제공하기 위해서는 막대한 자금도 필요했다. 아마 당시 그들은 이러한 결단과 헌신이 가져올 파급력이 얼마나 클지 예상하지 못했을 것이다. 라이프 처치가 만들고 공유하고 있는 대표적인 디지털 리소스들을 살펴보자.

유버전YouVersion 온라인 성경

유버전은 전 세계적으로 가장 많이 다운로드 된 온라인 성경 앱이다. 성경을 일상 속에서 사람들과 연결되게 하자는 단순한 취지에서 시작된 이 사역이 지금은 엄청난 결과를 맺었다. 애플 앱 스토어 시작과 함께 출시된 이 앱은 출시되자마자 8만 개 이상의 디바이스로 다운로드 될 정도로 큰 반응을 얻었다. 그러나 이것은 폭발적 반응의 전조에 지나지 않았다. 2019년 통계에 의하면 4억 개의 디바이스에 깔린 유버전 성경을 통해 성경 356억 장, 오디오 성경 56억 장이 읽혔다. 4억 7천 8백만 성경 구절이 공유되었으며 20억 구절이 하이라이트 혹은 북마크 되었다. 처음에는 영어 성경뿐이었지만, 지금은 1,343개의 언어로 된 2,013개의 성경 버전이 담겨 있다. 거기에 약 417개의 언어로 된 527개의 오디오 성경까지 담겨 있으니 그야말로 전 세계 성경의 집합체라고 할 수 있다.[10] '성경을 모든 이에게' 연결하고자 한 열정이 이와 같은 결과를 맺고 있다.

현재 유버전 성경에는 통독과 경건한 삶을 위한 콘텐츠 등과 더불어 읽고 묵상한 내용을 공유하는 커뮤니티 기능이 더해졌다. 서로 읽은 말씀의 양과 본문을 체크 할 수도 있고 다양한 소셜 미디어 등과 연계되어 은혜의 말씀을 나눌 수도 있다. 미디어와 콘텐츠의 범람 속에서 언제, 어디서나 성경과 연결될 수 있는 도구가 지역과 국가, 종교의 영역을 넘어 복음을 전하는 가장 강력한 수단이 되고 있다.

처치 온라인 플랫폼Church Online Platform

팬데믹 시대에 교회를 돕는 가장 유용한 리소스는 바로 처치 온라인 플랫폼이다.[11] 이 온라인 플랫폼은 현재 라이프 처치가 사용하는 그대로의 모습을 가지고 있는데, 이 사역을 원하는 교회는 모두 무료로 활용할 수 있다. 팬데믹 이전에 약 3천 개의 교회가 본 플랫폼을 통해 온라인 사역을 해 왔는데, 팬데믹 이후에는 그 수가 폭발적으로 증가했다. 2020년 3월 자료에 따르면 한 주 만에 9천 개의 교회가 새롭게 라이프 처치 온라인 플랫폼에 등록했고, 한 주 동안 470만 명의 사람들이 이 플랫폼을 통해 스트리밍되는 예배에 참여했다.

처치 온라인 플랫폼 홈페이지

이 플랫폼의 특징은 기술technology, 공동체community, 단순성simplicity으로 요약할 수 있다. 온라인 사역에 최적화된 인터페이스와 기능들이 제공될 뿐만 아니라 비디오 스트리밍, 채팅, 라이브 기도, 무료 성경 등이 탑재되어 있다. 무엇보다 이 플랫폼의 강점은 교회 규모를 떠나 누구나 쉽게 접근하고 관리할 수 있으며, 개 교회에 맞게 최적화시킬 수 있다는 단순함과 유연성이라 할 수 있다. 사용료 또한 무료이며 이후 지속적인 서비스까지 제공한다. 몇 시간이면 설치와 활용이 가능할 정도로 사용자 중심으로 구성되어 있어 초보자들도 누구나 온라인 사역을 할 수 있다. 아무도 예상치 못했을 팬데믹 상황에 교회가 위기를 능동적으로 대처할 수 있도록 돕고 있는 플랫폼의 역할이 참으로 귀하다.

프리 온라인 리소스Free Online Resources [12]

지속적인 온라인 사역을 위해서 필요한 것이 다양한 리소스이다. 온라인 예배 사역 자체도 도전이지만, 교회가 자체적으로 모든 부서에 필요한 자료를 만들어 내는 것은 더 어렵다. 특히나 인력과 자원이 한정된 중소형 교회의 경우에는 이 부분이 가장 큰 고민거리다. 이 때문에 라이프 처치는 자신들의 모든 자료를 디지털화해서 공유하고 있다. 예배, 설교, 교육, 훈련, 소그룹, 교회학교, 운영 등 거의 모든 영역에 걸쳐 5만여 개 이상의 동영상과 문서 자료가 제공된다. 개인적으로는 교회학교 콘텐츠와 각종 매뉴얼이 인상적이었다. 현실적으로 디지털 영상을 매일 접하며 사는 다음 세대에게 교회가 만든 온라인 자료로 접근하는 일은 정말 큰 과제임이 틀림없다. 교회가 함께 힘을 합쳐 사역 리소스를 만들고 공유하는 플랫폼이 절실하다. 라이프 처치의 온라인 리소스는 한국 교회가 지향해야 할 귀한 예라 할 수 있다.

처치 메트릭스Church Metrics

크레이그 그로쉘은 복음 전도 사역을 극대화하기 위해서 측정이 중요하다고 말한다. 이를 위해 만들어진 프로그램이 처치 메트릭스이다. 교회는 이 프로그램을 통해 온라인에서 발생하는 모든 데이터를 모으고 분석하여 사역을 평가할 수 있다. 이 프로그램의 특징은 사용자가 필요에 따라 기간을 정하고 그것을 분석할 수 있다는 점이다. 일주일, 한 달, 혹은 일 년 단위 등 교회가 원하는 기간의 데이터를 자유롭게 모을 수 있기에 현실을 파악하고 넥스트 스텝을 위한 그림을 만들어 가는 데 유용하다. 가상 세계에서 발생하고 있는 온라인 사역을 현실 기반에서 실현할 수 있는 유용한 툴이다.

첫째, 온라인 사역은 초점이 분명해야 한다. 교회는 변화하는 시대 문화에 대해 분명한 해석과 더불어 창의적이고 능동적인 대처를 해야 한다. 그러나 유행을 좇아서는 안 된다. 모든 사역은 복음을 전하기 위한 고민과 노력, 기도의 결과로 나온 산물이어야 한다. 라이프 처치는 초대형 교회로서 많은 것을 할 수 있었지만, 스스로 사역 영역을 다섯 가지예배, 소그룹, 어린이, 청소년, 선교로만 한정했다. 선택과 집중의 원리를 통해 시대가 필요로 하는 선교 사명에 초점을 맞춘 것이다.

둘째, 기술을 선교적으로 이해하고 활용할 수 있어야 한다. 라이프 처치는 기술을 신봉하는 교회가 아니다. 오히려 기술을 통해 이제까지 막혀 있던 복음의 장벽을 넘는 기회로 활용한다. 시대와 문화가 바뀌면서 우리가 사역하고 있는 대상과 방식이 급변하고 있다. 라이프 처치는 하이테크high tech, 하이터치high touch 개념을 사용해 온라인상의 사람들과 접촉하고 새로운 공동체를 형성한다. 그들이 페이스북이나 유튜브, 인스타그램 등 소셜 미디어를 적극적으로 활용하는 이유도 여기에 있다. 모든 기술을 활용하여 공간과 시간, 언어와 국가의 장벽을 넘어 복음을 전하고자 하는 노력을 배울 필요가 있다.

셋째, 온라인 사역의 장점을 극대화해야 한다. 온라인 사역에 대한 오해 중 하나는 온라인은 오프라인과 다르므로 모든 것을 바꿔야 한다는 생각이다. 물론 공간이 다르기에 사역 방식 또한 달라져야 한다. 그렇지만 목표는 같다. 우리는 영혼을 대하고 복음을 전하며 삶을 변화시키기 위해 노력한다. 이런 목적으로 접근한다면 온라인의 장점이 더욱 분명해진다. 예를 들면 온라인은 확장성과 편의성이 뛰어나다. 물리적인 예배는 한 번 혹은 두 번으로 그칠 수 있지만, 온라인 예배는 시간과 회수를 자유롭게 정할 수 있다. 접근성 또한 용이하다. 교회에 오지 못하는 사람도 자신이 있는 곳에서 언제든지 참여할 수 있다. 이렇듯 온라인의 확장성과 편의성, 접근성 등을 통해 주 7일 24시간 열려 있는 교회가 되는 상상을 해 보라. 복음을 전할 기회와 가능성이 훨씬 더 커진다.

넷째, 온라인 사역을 사람 중심으로 개편하는 노력을 기울여야 한다. 라이프 처치는 온라인 예배에 인격을 부여했다. 소비자consumer들을 위한 서비스 제공이 아니라 찾아온 사람들을 개별적으로 맞이하여 환대하고 인격적 관계를 형성함으로써 영적 여정으로 나아갈 수 있게 한다. 채팅, 일대일 기도, 질문과 대답, 이모티콘 사용 등은 온라인상의 관계 형성을 위해 활용되는 기능들이다. 온라인 예배를 찾는 사람들의 문화와 목마름을 이해하고 그들에게 적합한 방식으로 다가가기 위해 노력해야 한다. 사역은 기술이 하는 것이 아니라 사람이 한다. 따라서 봉사자들의 중요성을 인식하고 성도들이 온라인 선교사로 살아갈 수 있는 훈련도 해야 한다.

다섯째, 협업과 공유의 정신을 통해 하나님 나라의 생태계를 만드는 노력을 해야 한다. 라이프 처치는 그동안 축적된 경험과 플랫폼, 리소스를 아낌없이 나눈다. 수천 교회를 섬기면서 감당해야 할 재정과 인적 자원 또한 큰 부담임은 틀림없다. 그러나 한 교회의 헌신으로 인해 다른 많은 교회가 살고 연합할 수 있는 길이 열렸다. 하나님 나라는 네트워크로 이루어진다. 한국 교회 역시 이러한 열정을 가진 교회가 많다. 함께 힘을 합쳐 사역 플랫폼을 만들고 리소스를 나누는 운동이 펼쳐지기를 바란다.

혁신의 또 다른 모델인 모자이크 처치Mosaic Church의 어윈 맥머너스Erwin McManus를 만났을 당시, 그가 한 말이 잊히지 않는다. "시대 문화에 민감하게 반응하며 모험적 사역을 시도할 때마다 나와 교회는 언제나 비판의 대상이었다. 그것이 파이오니어pioneer의 운명이다." 라이프 처치 역시 새로운 사역을 할 때마다 많은 의심과 비판을 받았다. 그러나 시간이 지나면서 그들의 진정성과 헌신이 드러나고 있다. 그들은 누구도

가보지 않은 길을 먼저 갔고 거기서 얻은 열매와 노하우를 아낌없이 나누면서 복음 전도의 사명을 실행하고 있다. 미래는 누군가의 모험과 도전을 통해 길이 열린다. 온라인 교회 사역을 통해 창의적 사역의 플랫폼을 제공한 라이프 처치처럼, 한국 교회에도 더 큰 꿈과 헌신을 가진 교회들이 나타나 교회가 건강해지고 창의적 사역의 길이 열리기를 기대해 본다.

처치홈

chapter 3

처치홈
Churchome

다음 세대를 위한 대담한 시도 :
교회를 손app 안으로

창의적인 사역이 요구되는 오늘날, 코로나19로 인한 온라인 사역 전환은 교회에 그 필요성과 시기를 크게 앞당겼다. 다음 세대 사역자라면 이러한 현실을 더욱 크게 절감하고 있을 것이다. 이러한 시기에 처치홈은 손바닥 안의 교회, '앱' 기반의 새로운 교회 플랫폼을 등장시켰다. 디지털 세대의 영적 목마름을 채워주고 있는 처치홈의 역동적인 사역을 알아보자. 지금은 디지털 세대가 공감하는 복음 전도에 참여할 타이밍이다.

쳐치홈
Churchome

다음 세대를 위한 대담한 시도 :
다음 세대를 손app 안으로

브라이언 맥클라렌Brian McLaren은 그의 책『저 건너편의 교회The Church on the Other Side』에서 다음과 같은 예언자적인 말을 남겼다. "우리에게 새로운 세계가 열리고 있다면, 우리는 새로운 교회가 필요할 것이다. 새로운 종교 그 자체가 필요하다는 말이 아니라 우리의 신학을 위한 새로운 틀이 필요할 것이다. 새로운 성령이 아니라 새로운 영성이다. 새로운 그리스도가 아니라 새로운 그리스도인이 필요한 것이다. 새로운 교단이 아니라 모든 교단 안에 새로운 종류의 교회가 필요한 것이다."[13]

다소 과격하게 들릴 수 있는 이 말이 오늘날에는 새로운 교회를 꿈꾸는 사람들의 교과서 같이 되어 버렸다. 특별히 다음 세대를 생각할 때 더더욱 그러하다. 사실 다음 세대를 위한 창의적 사역은 코로나19 이전부터 요구되는 부분이었다. 어느 날 갑자기 교회 안에서 사라져 버린 다음 세대로 인해 교회는 치명적 위기를 맞이하게 되었다.

물론 이러한 현실은 한국 교회만의 이야기는 아니다. 기독교 문화의 꽃을 피웠던 미국이나 유럽의 경우는 훨씬 이전부터 이러한 일이 발생했다. 디지털 문화로 대표되는 Z세대 혹은 I세대 가운데 나타나는 종교와 영성에 대한 무관심은 앞선 세대에서는 찾아볼 수 없었던 현상이었다. 안타까운 사실은 이러한 경향이 교회 밖에서만 발생하는 일이 아니라는 점이다. 서구에서는 벌써 오래전부터 자녀의 신앙 이탈률에 대한 여러 조사가 나왔다. 미국의 경우에는 대학 입학 전까지만 해도 교회를 성실하게 다녔던 자녀가 대학교에 진학한 후 교회를 떠날 확률이 70~80%에 이른다고 한다. 그만큼 현실은 가혹하다. 거친 세속화의 도전은 교회 울타리 안에서 자란 자녀에게 어떻게 반응하고 살아야 하는지에 대한 혼란을 일으킨다. 그들은 세속적 세계관이 가득한 세상에서 그리스도인으로서의 따르고 싶은 롤 모델이나 멘토조차 찾기 어렵다고 토로한다. 그런데도 교회는 마땅한 대책이 없다. 그것이 안타깝다.

새로운 시대에 새로운 교회가 필요하다. 새로운 종교, 새로운 신학, 새로운 성령, 새로운 그리스도가 아니라, 새로운 틀과 접근을 통해 시대에

Re _ Connect
온라인 사역 혁명

맞는 영성과 훈련을 제공해야 한다. 그로 인해 시대를 역행할 수 있는 진정한 예수의 제자들을 배출해야 한다.

이 시대는 디지털 시대다. 디지털 시대에 맞는 교회가 요구된다. 그런 맥락에서 에드 스테처Ed Stetzer는 "온라인이 교회의 새로운 문이다"라고 말했다. 교회는 디지털 시프트shift를 통해 다음 세대를 향한 복음 전파와 선교의 문을 열어야 한다.

교회, 모바일mobile로 옮겨 가다

'처치홈'은 신앙에서 멀어져 가는 세대, 그러면서도 영적 위안, 소속, 연결에 목마른 세대를 품기 위해 시작된 앱 형태의 온라인 교회다. 처치홈의 모체는 시애틀Seattle과 로스앤젤레스Los Angeles에 캠퍼스를 두고 있는 '더 시티 처치The City Church'였다. 이 교회를 이끄는 담임목사는 저스틴 비버Justin Bieber와 같은 유명 아티스트들의 목회자로 알려진 주다 스미스Judah Smith이다. 그는 10년간 담임목사로서 성공적인 사역을 수행하던 중 2018년 교회 이름을 '처치홈'으로 바꾸고 온라인 사역을 본격적으로 시작했다. 처치홈의 출범을 알린 인스타그램에는 다음과 같은 내용이 실렸다.

'사람들은 제게 언제 내쉬빌, 텍사스, 보스턴에 교회를 시작할지 물어왔습니다. 그런데 우리가 지금 그 일을 시작했습니다. 새로운 지역에 세워진 교회

를 소개합니다. 그 위치는 바로 당신의 손바닥 안에 있는 전화기입니다.'

인터넷 플랫폼이나 홈페이지 등을 중심으로 한 온라인 교회를 넘어 주다 스미스는 앱 기반의 신앙 공동체를 시작했다. 노아 로버스손Noah Robertson은 교회가 모바일로 이동했다고 표현하면서 이 일을 교회 역사 상 가장 최근에 일어난 혁신적인 사건이라고 말했다.[14] 처치홈이 모바일 로 옮겨간 이유는 무엇 때문일까? 그것은 그들의 비전에 따라 교회가 젊 은 세대에 맞는 길을 열기 위해서였다. 주다 스미스와 교회는 청소년들과 청년들을 품는 것을 사역 모토로 삼았다. 자연스럽게 다음 세대의 문화가 디지털로 옮겨 가고 있으며, 기존 교회가 디지털 세대를 품기에 한계가 있음을 깨닫게 됐다. 디지털 세대는 기성세대와는 전혀 다른 삶의 습관과 양식을 가지고 있다. 일 예로 기성세대는 대규모 모임을 선호하며 크고 화려한 모임에 열광하지만, 디지털 세대는 작은 스마트폰을 통해 세상을 산다. 주다 스미스의 아내 첼시 스미스Chelsea Smith는 한 인터뷰에서 젊은 세대일수록 300~400명 규모의 그룹에서 다른 사람들을 사귀고 교제하는 것을 어려워한다고 말했다. 대신 스마트폰에서는 다르다. 그들은 대화하 는 것도, 누군가와 사귀는 것도, 정보를 얻고 공동체에 가입하는 것도 스 마트폰을 통해서 한다. 이렇게 스마트폰을 신체 일부로 여기며 디지털 문 명에 의존해 살아가는 이들을 가리켜 사람들은 포노 사피엔스phono-sapiens 라고 부른다.[15]

Re _ Connect
온라인 사역 혁명

처치홈은 바로 그러한 세대를 위한 공간이다. 온라인에서 다음 세대와 연결되고 디지털 기술을 통해 복음을 전하는 사역, 그러면서도 교회로서 모든 기능이 작동되는 그런 공간을 만들길 원했다. 그렇다면 과연 그들은 어떤 가치와 방식을 통해 디지털 세대와 연결되고 사역을 이뤄가고 있는지 살펴보자.

소통과 연결 : 애니 타임any time, 애니 플레이스any place

마크 프렌스키Mark Prensky는 태어나면서부터 컴퓨터와 인터넷, 스마트폰에 연결되어 자란 세대를 디지털 원주민digital native이라고 칭했다. 그들은 디지털을 학습해서 사용하는 디지털 이민자digital immigrants들과는 달리 어디에 있든지, 어느 곳에 있든지 서로 연결되어 협업하며 즐기는 것에 익숙하다. 온라인 교회가 온전한 기능을 하려면 이러한 기능이 작동되어야 한다. 처치홈의 목표는 어느 때any time 어느 곳any place에 있든지 연결이 가능한 교회, 그리고 그 속에서 교회의 기능을 온전히 경험할 수 있는 곳이 되기를 원한다.

실제로 처치홈은 월요일부터 주일까지 주 7일 영적 생활에 도움이 되는 콘텐츠로 꾸며져 있다. 그 안에는 매일 업데이트 되는 비디오 콘텐츠설교나 말씀, 기도를 요청하고 나눌 수 있는 공간, 앱에 접속한 사람들끼리 교제가 가능한 가상 로비virtual lobby, 삶의 문제나 질문이 있을 때 목회자와 대화 할 수 있는 채팅 창pastor chat, 공통의 관심사를 가진 사람들이 함께 모일 수 있는 커뮤니티 공간 등이 자리 잡고 있다. 그래서 그들은 이 앱을 많은 사람과 함께 할 수 있는 작은 교회라고 표현한다.

그렇다면 대중의 반응은 어떠할까? 그들의 의도한 바와 같이 이곳에서도 영적 돌봄과 성장, 공동체적 교제와 나눔이 이뤄질 수 있을까? 아마도 온라인을 자신의 흥미나 여가 생활의 도구 정도로 생각해 온 세대에게는 이러한 발상이 비현실적으로 다가올 수도 있다. 그런데 디지털 세대의 반응은 정반대였다. 2018년 처음 출시된 이후 1년 만에 무려 20만 명의 사람이 이 앱을 다운받았다. 그중 절반 가까운 숫자가 34세 이하의 젊은 층이었고 80%는 미국에서, 나머지 20%는 타국에서 사용되었다. 1년 만에 전 세계적으로 200여 개 이상의 도시에서 앱이 사용되었고 무려 46만 개 이상의 기도가 공유될 정도였으니 그 반응은 가히 폭발적이었다.

우리는 이러한 현상을 보며 디지털 세대의 영적 목마름을 발견한다. 또한, 인터넷 기술이 다음 세대 선교를 위해 얼마나 유용하게 사용될 수 있는지도 배운다. 디지털 기술은 순식간에 지역의 한계를 넘어 미 전역과 전 세계를 연결했다. 그것이 디지털의 힘이고 가능성이다. 만약 교회가 디지털 환경을 더 잘 이해하고 선용할 수 있다면 보다 적극적으로 다음 세대와 호흡하고 연결된 사역을 할 수 있을 것이다. 물론 여기에는 다음 세대가 공감하고 호응할 수 있는 흡입력이 전제되어야 한다.

Re _ Connect
온라인 사역 혁명

감각과 감성을 담은 메뉴와 기능

처치홈의 성공적 스토리는 단지 앱이라는 새로운 환경과 기술적 지원 때문만은 아니다. 그들은 디지털에 영성과 감성을 담았다. 처치홈 앱을 직접 사용하고 연구하면서 메뉴 하나하나가 얼마나 많은 연구와 고심 가운데 만들어진 것인가를 느낄 수 있었다. 몇 가지 구체적인 예를 살펴보자.

기도 가이드

앱Churchome을 시작하면 가장 먼저 만나는 화면이 사역자들의 역동적인 모습이다. 상단에는 기도 메뉴두 손을 모은 그림 버튼이 있고, 하단에는 다섯 가지 메뉴인 Home홈, Featured피처드, Connect커넥트, Pastor Chat패스터 챗, Give기브 버튼이 있다. 홈 버튼에서 가장 먼저 제공되는 것은 '기도 가이드'이다. 평화로운 음악과 차분한 내레이션을 통해 신앙이 깊지 않은 사람들도 기도에 참여할 수 있도록 만들어졌다. 인도자는 짧은 성경 말씀을 읽고 이에 기초한 묵상과 기도를 이끈다. 하나님의 사랑과 은혜, 구원의 감격과 안전, 삶의 목적과 돌보심을 고백한다. 하나님 품 안에서 평안을 누리고 그분이 함께하실 것을 확신하며 모든 순간을 하나님의 영광을 위해 살아갈 수 있도록 돕는다. 5분 정도의 짧은 기도이지만, 하나님은 어떤 분이시고 나는 누구인지, 어떻게 주님과 동행하는 삶을 살 수 있는지를 깊이 느낄 수 있다.

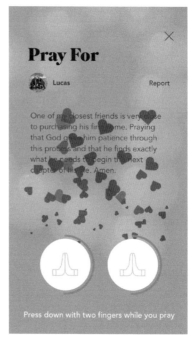

메인화면　　　　　　　　　　기도 메뉴

　　기도 가이드가 기도로 하루를 시작하고 참여할 수 있도록 돕는다면, 상
단의 기도 메뉴는 기도의 상호작용을 불러일으키는 역할을 한다. 누구든
지 기도가 필요한 사람은 이곳에 기도 제목을 올린다. 그리고 사람들은 그
기도 제목을 보고 중보 기도를 한다. 겉으로 보일 때는 지극히 평범해 보
이는 기도 창이 놀랍게 활용되는 이유가 있다. 기도 메뉴에서 보듯 누군가
의 기도 제목을 누르면 하단에 두 손을 모은 그림 두 개가 나온다. 중보자
가 두 손가락을 이 위에 올리고 기도하면 손끝에 심장 박동 소리가 느껴지

Re _ Connect
온라인 사역 혁명

고 기도 손 모양의 그림에서는 아름다운 하트가 위로 올라간다. 마치 내 기도가 하늘에 상달되는 것 같은 감각과 느낌을 준다. 그리고 기도가 끝나면 다시 이 기도 제목을 다른 사람과 공유할 수 있도록 SNS 메뉴로 연결된다. 디지털 기술에 영성과 감성을 함께 담은 특별한 장치라고 느껴졌다.

Featured

메인 메뉴 역할을 하는 'Featured'에는 어린이와 청소년, 성인들을 위한 설교 메시지, 찬양, 이벤트 소식 등이 영상으로 제공된다. 누구나 쉽게 접근할 수 있고 디지털 세대가 관심을 기울일 주제들, 예를 들어 사회적 이슈가 되는 무거운 문제들로부터 트라우마나 삶의 의미, 두려움과 공포, 돌봄과 치유 등 일상과 밀접한 내용을 다룬다. 그리고 해답은 항상 성경에 기초한다. 탁월한 영상미와 높은 수준의 질 역시 **빼놓을** 수 없는 요소다.

Connect : 로비 & 커뮤니티

앞서 설명한 것처럼 디지털 세대의 핵심 키워드는 '연결'이다. 처치홈에서는 앱에 들어오는 사람들이 서로 연결될 수 있도록 두 가지 방식을 채택했다. 먼저 커뮤니티 로비Community Lobby 메뉴는 간단한 자기소개와 기도 제목, 삶 등을 나눌 수 있는 공간이다. 사람들은 이곳에서 자연스럽게 자신의 이야기와 기도 제목 등을 나누며 서로 호응한다.

또 하나는 커뮤니티 페이지Community Page이다. 여기서는 공동체에 속한 성도들이 밋업Meetups이라는 온라인 프로그램을 통해 다양한 형태의 소그룹 모임을 가질 수 있다. 예를 들면, 기도 챌린지나 주일 예배 후 말씀 나눔, 성경 공부 같은 익숙한 모임에서부터 공통의 관심사를 위해 모이는 소그룹, 지역사회를 섬기는 봉사 그룹에 이르기까지 다양한 형태가 있다. 이 지점에서 우리는 온라인 교회가 가상의 공간에만 머물지 않고 물리적 공간으로 이어 갈 가능성을 발견한다. 비슷한 지역에 사는 성도들이 함께 활동하기 위해 직접 만나기도 하고, 같은 공간에 모여 예배를 드리기도 한다. 지역사회 봉사와 섬김 사역도 함께 한다. 이 공간의 특징은 철저한 자발성에 있다. 누구든지 커뮤니티 그룹을 만들 수 있고 어디든 참여할 수 있다. 매주 새로운 공간이 만들어지고 다양한 활동이 이어지기 때문에 자율적임에도 불구하고 역동적이다.

Pastor Chat

디지털 세대가 정보와 기술에 자유롭고 소셜 미디어를 통해 24시간 누구와도 쉽게 연결될 수 있는 장점이 있지만, 그들의 내면은 누구보다 외롭고 관계에 목말라 있다. SNS를 통해 드러나는 화려하고 행복한 모습은 어쩌면 자신의 외로움과 아픔을 가리기 위한 장치일 수도 있다. 남들에게 잘 보이기 위해 피부와 얼굴 생김새를 보정하고 남들이 부러워할 만한 순간을 포착해 자신을 드러내는 것이 익숙한 세대, 그러면서도 다른 사람의 게시물을 보며 끊임없이 비교 의식을 느끼며 자괴감에 빠지는 세대, 수많은 사람과 연결되어 있지만, 다른 사람들로부터 외면받을 수 있다는 두려움으로 더 적극적으로 관계를 맺는 '포모FOMO' 세대를 향한 목회적 돌봄은 매우 중요하다. 만약 교회가 진정으로 그들의 소리를 들어 주고 우정과 사랑을 베풀 수 있다면 어떤 일이 발생할까? 처치홈의 'Pastor Chat' 기능은 바로 그런 사역을 위해 만들어진 공간이다.

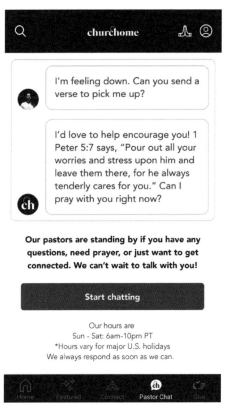

Pastor Chat

이곳에서는 누구든 주 7일 아침 6시부터 밤 10시까지 목회자와 대화할 수 있다. 마음이 울적할 때, 힘들 때, 기도가 필요할 때, 질문이 있을 때, 위로가 필요할 때 이 창을 클릭하면 된다. 그러면 곧바로 일대일 대화 창이 열린다. 목회자가 클릭한 사람의 이름을 부르고 대화가 시작된다. 따뜻하고 정성 어린 대화를 통해 사람들은 마음을 열고 자신의 고민과 아픔을 내어놓는다. 깊은 공감과 위로의 말뿐 아니라 성경 말씀을 통한 격려와 권면, 기도를 해 준다. 그들은 디지털 속에서 이렇게 관심과 사랑을 담았다.

Re _ Connect
온라인 사역 혁명

전체적으로 처치홈은 영적이며 따뜻하다. 디지털 세대를 진정으로 사
랑하고 품으려는 노력과 진정성이 있기에 젊은 세대가 반응했을 것이
다. 여기 그들의 도전을 통해 생각해 봐야 할 몇 가지 선교적 적용점이
있다.

**첫째, 디지털 기술을 통해 온라인을 영적 공간으로 만드는
노력이 필요하다.** 디지털 기술은 상상을 체험케 하는 도구다. 최근
들어 급격히 발전하고 있는 사물인터넷IoT 기술이나 AI 등은 가상 현실
Virtual Reality: VR이나 증강 현실Augmented Reality: AR을 가능케 했고 시간과
공간의 경계를 허물고 있다. 기술이 발전할수록 영적 공간이 협소해지
는 듯한 느낌이다. 물론 이것은 영적인 필요가 사라졌다는 의미가 아니
라 디지털 기술이 영적 필요와 갈증을 느끼지 못할 정도로 강한 충격
과 몰입을 제공하고 있다는 뜻이다. 처치홈은 디지털을 통해 영적 콘텐
츠에 접속하고 경험할 수 있는 통로를 만들고 시도하는 중이다. 이를
통해 많은 젊은이에게 디지털 세상의 영적 오아시스 같은 역할을 하고
있다. 교회는 온라인 세계에서도 영적 접촉이 일어날 수 있음을 알고,
복음적이며 창의적인 방법을 찾아야 한다.

둘째, 처치홈은 주 7일 24시간 열려 있는 교회 공동체의 기능과 가능성을 엿볼 수 있게 해 주었다. 세상은 지금도 쉼 없이 새로운 콘텐츠를 만들어 내고 있다. 너무 많은 콘텐츠로 인해 사람들의 피로도도 높아지고 있다. 그들을 위한 사역이 필요하다. 제3의 스페이스를 창출하여 세상에서 경험할 수 없는 경건과 거룩, 위로와 사랑을 나눌 수 있어야 한다. 그런 측면에서 처치홈이 가지고 있는 상호 교류적인 기도 공간이나 온라인 커뮤니티, 목회자와의 채팅 등은 매우 참신한 시도로 보인다. 디지털 세계에서 찾아올 수 있는 공간, 언제든 복음과 연결되고 접속될 수 있는 공간을 만들 방안을 생각해 보자.

셋째, 하이테크, 하이터치 개념을 적극적으로 사용하라. 모든 것이 디지털로 바뀌고 있는 상황 속에서 다시 아날로그적인 감성과 경험을 찾는 이가 많아지고 있다. '디지로그' 혹은 '아날로그의 반격'이라고 불리는 이러한 현상은 기술에 감성을 더해 사용자의 감정을 터치하는 기법이다. 하이테크 시대에 진정한 하이터치는 어디에서 발생하는 것일까? 제프 콜빈Geoff Colvin은 스토리의 특별한 능력을 부각하면서 '공감'이야 말로 인공지능이나 AI 등 디지털 기술이 대체할 수 없는 영역이라고 말했다.[16] 사람의 변화는 삶과 삶이 만날 때 이루어진다. 예수 그리스도 역시 우리를 구원하기 위해 인간의 몸을 입고 이 땅에 내려오셨다. 그분은 사람들의 이야기에 귀를 기울이셨다. 그리고 감동을 주셨다. 온라인 사역은 의도적이며 성육신적인 사역이 되어야 한다. 감성을 터치하고 내면의 이야기가 소통되어야 한다. 이를 위해서 교회는 그곳에 찾아가 머물러야 한다. 삶과 삶이 만나 소통이 이뤄지고 감정이 교류되는 공간을 만들고 공감의 사역을 해야 한다. 기술에 감성을 입히고 진심을 담아 진정한 소통이 이뤄질 때 디지털 세대의 반응은 시작될 것이다.

넷째, 소속belonging감을 부여하는 공동체 활동의 중요성이다. 온라인 사역이 어려운 것은 온라인의 특성상 통제와 제어가 거의 불가능하다는 점 때문이다. 아무리 좋은 콘텐츠를 만들었다 해도 평가는 냉정하다. 소속감 역시 마찬가지다. 자율적 선택에 의해 찾아온 이들을 계속 머물게 하는 일은 참으로 어렵다. 신앙의 발전은 일생의 여정을 통해 이뤄지는 과정이기에 찾아온 이들에게 소속감을 부여하고 지속적인 관계로 발전하는 일은 매우 중요하다. 연구에 따르면 온라인 소그룹 혹은 커뮤니티 사역에 가장 큰 영향을 미치는 요소는 바로 멤버들 간의 상호작용과 관련이 있다. 멤버들 사이에서 발생하는 상호작용이 활발할수록 소속감이 높아진다. 또 누군가 지지를 받고 있다는 경험이 공동체 의식을 향상시킨다. 결국, 온라인 사역의 성패는 어떤 문화가 형성되었는가와 깊은 관련이 있다. 서로를 지지하고 격려하는 문화를 만들 수 있는지가 중요하다.

처치홈이 바로 그렇다. 누군가 호기심으로 찾아왔다 할지라도 공간 곳곳에 배치된 강력한 지지와 격려를 만난다. 메뉴를 클릭할 때마다 그 경험은 더욱 강화된다. 기도해 주고, 상담해 주고, 한 번도 보지 못한 사람들이 반겨 주고 진심으로 환영해 준다. 나를 위해 기도하고 지지해 주는 사람들이 모인 곳에 머물고 싶고 공동체의 멤버로 남고 싶은 것은 어쩌면 자연스러운 현상일 것이다. 이렇게 모인 사람들이 소그룹에서 상호교류를 하고 소속감과 공동체 의식을 느낀다. 그 과정에서 이 모임에 대한 헌신도도 높아진다. 만약 온라인 사역을 계획하고 있다면 이 점을 기억했으면 좋겠다. 온라인 사역은 콘텐츠를 제공하거나 소비하기 위해 모이는 공간이 아니라, 지지와 격려를 받고 소속감을 발견할 수 있는 공동체로까지 이어질 때 지속성을 가질 수 있다. 다른 공간에서는 느낄 수 없는 따뜻하고 영적인 공동체가 형성될 수 있으면 좋겠다. 그로 인해 더 많은 젊은이가 복음에 접속되고 그리스도의 제자가 되기를 바란다.

처치홈의 앱 사역은 현시대에 가장 급진적이며 모험적 사역 중 하나이다. 물론 이들의 사역은 지역교회 사역과 병행해서 이뤄진다는 점에 있어 기존 교회를 거부하거나 대체하는 차원은 아니다. 팬데믹 상황이 아니었다면 처치홈은 지역교회가 디지털 세대를 위해 실시하는 참신한 방식 중 하나로 소개되었을 수도 있다. 그러나 코로나19로 인해 교회의 물리적 모임이 불가능해졌을 때, 다음 세대에 대한 이러한 접근은 새로운 선교적 가능성을 엿보게 해 주는 좋은 예가 되었다. 당연히 한국 교회에서도 참고할 만한 가치가 있을 것이다. 다음 세대 선교를 향해 도전과 모험을 시도하는 한국 교회가 되기를 기대해 본다.

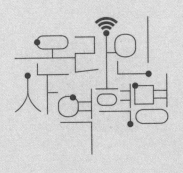

엘리베이션 처치

chapter 4

엘리베이션 처치
Elevation Church

소셜 미디어를 통한
온라인 사역

엘리베이션 처치는 '하나님으로부터 멀어진 사람들을 그리스도 안에서 살아나도록 존재한다'라는 사명 선언문을 문화적 코드를 통해 강력하게 풀어냈다. 그들은 예배를 통해 일어난 뜨거운 심장 박동이 예배당 안팎에서 뛸 수 있도록 이끌어 주고 있다. 오프라인과 온라인에서 제자로서의 삶과 공동체를 탁월하게 연결하는 것이다. '소셜 미디어 사역의 표준'이라고 불리는 엘리베이션 처치의 사역을 보며, 우리의 온라인 사역도 한 단계 더 앞으로 뻗어 가기를 원한다.

엘리베이션 처치
Elevation Church

소셜 미디어를 통한
온라인 사역

'혁신innovation'은 이 시대의 키워드다. 끊임없는 혁신이 인류를 새로운 장으로 이끌고 있다. 기독교 선교에도 혁신은 필요한가? 그렇다. 역사 속에서 기독교 신앙은 언제나 시대에 맞는 적응과 대응을 통해 확장해 왔기에 혁신은 이 시대 선교를 위한 핵심 요소가 된다. 그렇다면 혁신을 이끄는 요소는 무엇인가? 앨런 브릭스Alan Briggs는 혁신은 우리가 가지고 있는 충분한 자원resources으로 나오는 것이 아니라 한계와 제한limitation으로 발생한다고 주장한다.[17] 기존의 자원으로는 문제를 해결할 수 없기에 창의적 접근을 하게 되고 그것이 새로운 방식을 만드는 원동력이 된다.

그런 맥락에서 본다면 지금은 기독교 선교 역사에 가장 큰 혁신이 발생할 수 있는 시기이다. 의심 없이 반복되어 온 신앙 형태가 하루아침에 무너지고 더는 과거의 방식으로는 접근할 수 없는 대상이 발생하기 시작했다. 선교학자 에드 스테처Ed Stetzer는 "아무도 도달할 수 없는 사람들에게 접근하기 위해서는 아무도 하지 않는 일을 해야 한다"는 크레이그 그로쉘의 말을 인용하며 오늘날 우리에게 필요한 새로운 사역 패러다임을 다음과 같이 제시했다.

- 주일 예배에 국한되어 왔던 사역 방식을 탈피해야 한다. 이제는 교회 밖 세상에서 발생하는 사역과 더 강력한 소그룹이 요청된다.
- 교회로 초청하는 기존 방식 대신 주중의 삶을 통한 복음 전도 방식을 회복해야 한다.
- 믿지 않는 사람들이 사는 문화와 영역에 들어가 관계를 맺고 그들을 다시 우리의 이벤트로 참여시켜야 한다.
- 복음 전도와 제자훈련을 위해 기술을 적극적으로 활용해야 한다. 기술은 우리의 적이 아니기에 복음을 전하기 위해 우리는 기술을 더 적극적으로 활용해야 한다.[18]

교회는 복음을 전하기 위해 끊임없이 고민하며 창의적 방법을 찾아야 한다. 온라인 사역도 마찬가지다. 앞선 글에서도 언급했듯이 북미의 혁신적 교회들은 팬데믹 기간에 더 큰 확산과 성장을 이루었다. 누구도 주목하지 않았던 온라인 교회, 온라인 캠퍼스, 온라인 공동체, 앱 등을 활용하여 시대에 맞는 복음 전파 방법을 터득해 왔다. 여기에 혁신의 또 다른 측면이 발견된다. 혁신은 복음을 전하고자 하는 강력한 갈망으로부터 나온다[19]는 사실이다.

혁신의 아이콘, 엘리베이션 처치

엘리베이션 처치의 성장과 혁신의 배경에도 같은 이유가 존재한다. 2006년 20대 중반의 젊은 목회자와 여덟 가정이 함께 시작한 엘리베이션 처치는 지금까지도 북미에서 가장 빠른 성장과 혁신을 이루는 교회로 인정받고 있다. 교회 설립 후 4년 만에 6천 명, 십수 년 만에 3만 명의 성도가 출석할 정도로 급성장을 이루고 있으며, 현재는 미국 10대 초대형 교회 중 하나가 되었다. 물론 그 중심에는 탁월한 설교자인 스티븐 퍼틱Steven Furtick과 대중의 사랑을 받는 엘리베이션 밴드를 빼놓을 수 없다. 그러나 내면을 보면 더 근본적인 이유가 존재한다. 이것은 끊임없는 혁신의 원동력이기도 한데 바로 영혼 구원에 대한 사랑과 헌신이다. 16세에 소명을 받고 목회자의 길에 들어선 스티븐 퍼틱은 자기 자신을 가리켜 '전도 중독자'로 부를 정도로 뜨거운 구령의 열정을 가진 사람이다.

리더의 비전이 교회의 문화와 영성을 형성한다. 엘리베이션 처치의 비전 선언문은 '하나님이 당신을 통해 무엇을 할 수 있는지 보라'이며, 사명 선언문은 '엘리베이션 처치는 하나님으로부터 멀어진 사람들을 그리스도 안에서 살아나도록 존재한다'이다.

엘리베이션 처치는 이러한 비전과 사명을 문화적 코드와 맞춰 풀어냈다. 무엇보다 예배가 뜨겁고 생동감이 넘치며 감동적이다. 이러한 '예배 경험'이 사역으로 이어지고, 다시 일상으로 연결된다. 살아 움직이는 심장 박동이 예배당 안팎에서 요란하게 뛴다.

온라인과 소셜 미디어의 영역에서도 마찬가지다. 이들의 영향력은 팬데믹 이후에 더욱 팽창되었다. 현재 교회 공식 유튜브 구독자 수는 222만 명, 페이스북 167만 명, 인스타그램은 166만 명 정도가 팔로잉을 하고 있다. 스티븐 퍼틱 개인 소셜 미디어는 세계적인 인기 스타급이다. 페이스북 476만 명, 인스타그램 363만 명, 유튜브 207만 명 등이 그의 팔로워이다. 상상을 초월하는 엄청난 인기와 더불어 결과 또한 놀랍다. 2019년 통계에 따르면 한 해 동안 온 오프라인 사역을 통해 새롭게 예수를 믿은 사람의 수가 3만 명이 넘고, 세례받은 수가 2,103명에 이르렀다. 설립 때부터 2019년까지의 수를 더하면 2만 명이 넘는 사람들이 엘리베이션 처치를 통해 세례를 받았다. 단일 교회의 사역이라고 믿기에는 놀라울 정도의 열매를 맺고 있는 이 현상을 어떻게 이해할 수 있을까. 물론 모든 교회가 엘리베이션 처치와 같은 결과를 얻기는 불가능하다. 그러나 거기에는 우리가 미처 보지 못하고 있었던 사역 원리와 비밀이 있을 것이다. 엘리베이션 처치를 통해 배우는 온라인 소셜 미디어 사역 방안을 들여다보자.

소셜 미디어 전략

엘리베이션 처치는 소셜 미디어의 선교적 필요와 기능에 대해 누구보다 깊은 이해와 접근을 한다. 모두가 경험하고 있듯이 소셜 미디어는 이 시대 가장 보편적이고 동시에 혁신적인 도구다. 2021년 현재 소셜 미디어를 사용하고 있는 인구는 전 세계 42억 명에 달하고 개인별 사용 시간도 하루 평균 2시간 25분이 넘는다. 젊은 세대의 사용률은 당연히 기성세대보다 훨씬 높다. 미국의 18~29세의 젊은이의 경우 88%가 소셜 미디어 사용자들이다. 한마디로 소셜 미디어는 현대 사회의 핵심이다.

이런 표면적인 이유와 함께 소셜 미디어의 특성과 활용법이 교회의 선교 목적과 부합한다는 점도 주목할 만하다. 교회의 선교는 부름을 받은 하나님의 백성이 공동체로 모여 세상을 섬기고 복음을 전함으로 이루어진다. 소셜 미디어의 기본 목적과 기능도 유사한 점이 있다. 그곳에는 사람들이 모일 수 있는 플랫폼이 제공되고 커뮤니티를 만들며 서로 협력하고 소통할 수 있는 장이 있다. 그 때문에 교회는 소셜 미디어를 통해 사랑과 친교의 공동체를 형성하고 믿지 않는 사람들과 관계를 맺음으로 복음을 전할 수 있다.

그러나 현실은 매우 다르다. 많은 교회가 소셜 미디어를 사용하고 있지만, 대부분 그 폭과 내용이 매우 제한적이다. 스티븐 퍼틱은 "교회는 세상이 필요로 하는 가장 중요하고 많은 것을 제공하려 하지만, 그것을 어떻게 사용하고 홍보하는지 잘 모른다"고 평가했다. 이는 마치 교회가 세상의 유일한 희망과 기쁨이라고 주장하지만, 바깥에 있는 사람들은 그 말에 대해 전혀 공감하지 못하는 현실과도 같다. 엘리베이션 처치는 바로 이 때문에 소셜 미디어의 탁월성을 추구한다. 세상에서 가장 중요한 메시지를 전해야 하기에 가장 훌륭한 프레젠테이션을 해야 한다는 논리다. "성도들이 자신의 전부를 다해 그리스도를 섬기고 그의 사랑을 드러내야 하는 것과 같이 교회는 그 메시지가 얼마나 아름답고 훌륭한지 최고의 방식으로 드러내야 한다"라고 그는 주장한다.[20]

소셜 미디어 사역의 전략은 여기서 나온다. 먼저, 온라인 복음 전도를 위해 소셜 미디어를 적극적으로 활용한다. 소셜 미디어의 최대 장점은 물리적으로 만날 수 없는 불특정 다수를 향해 메시지를 전할 수 있다는 것이다. 전통적인 방식에서는 교회 주변에 사는 사람들이 사역의 대상이었다. 여기에는 접근성에 한계가 많았다. 그러나 소셜 미디어는 대상자를 전 세계로 확장한다. 거기에는 담도 없고 방해물도 없다. 모든 사람에게 메시지를 노출하고 전달할 수 있다. 그런 측면에서 소셜 미디어는 선교의 혁명을 일으키는 도구다.

또 하나는 온라인을 통해 메시지를 접한 사람들에게 교회의 문화를 전달하는 방편으로서의 전략이다. 예배만으로는 교회의 문화를 습득하기 어렵다. 교회의 목적과 방향이 어떻게 구현되는지, 어떻게 사역에 참여할 수 있는지 알려주기 위해 소셜 미디어를 활용한다. 엘리베이션 처치는 소셜 미디어가 교회의 문화적 창문과 같다고 말한다. 다양한 채널을 통해 교회의 비전과 사역을 홍보하고 공유할 수 있기 때문이다.

소셜 미디어가 복음 전도와 사역 형성에 있어 최고의 핵심 도구라고 인식하고 있기에 그들은 여기에 최상의 인력과 자원을 투자한다. 그들은 앞서 언급한 바와 같이 유튜브, 인스타그램, 페이스북, 트위터 등을 적극적으로 활용하되 교회의 공식 계정뿐 아니라 스티븐 퍼틱의 개인 계정, 워십 팀 등을 브랜드화해 독립성을 강화했다. 놀라운 점은 메인 채널마다 소셜 디렉터와 프로젝트 매니저, 디자이너 등이 따로 있다는 사실이다. 사역의 통일성을 위해 클라우드와 협업 도구를 활용해서 정보를 공유하고 협력한다. 이들이 이렇게 다양한 채널을 활용하는 이유는 분명하다. 다양한 소셜 미디어에 머무는 사람들과 연결하되 가능한 보다 빠르게 또 많은 사람에게 도달하기 위해서이다.

소셜 미디어의 활용

여기서 살펴봐야 할 것이 온라인 사역의 전체 구조 속에서 소셜 미디어의 활용 방안이다. 엘리베이션 처치의 홈페이지를 보면 제자도에 입각한 단순성과 명확성이 드러난다. 예배와 소그룹을 중심으로 모든 이에게 열려 있는 교회임을 알 수 있다. 구체적으로 보면 첫 화면에 최근 설교 동영상이 올라가 있고 바로 밑에 개인의 상황에 따른 메뉴가 보인다. 처음 접속한 사람들, 온라인 소그룹에 속한 이들, 지역 캠퍼스 교회에 속한 성도들로 나뉘어 각각 필요한 정보와 사역에 참여할 기회가 제공된다.

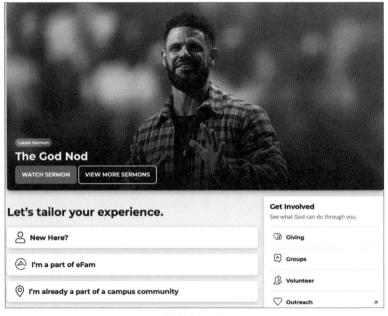

홈페이지 메뉴

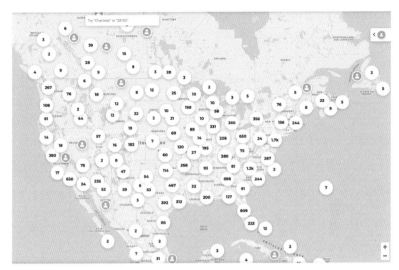

소그룹 지도

홈페이지는 설명보다는 사진과 이미지를 중심으로 구성되어 있는데 어디에서든지 공동체와 사역에 참여할 수 있는 메뉴가 있다. 누군가 신앙의 다음 단계로 나아가고 싶을 때 선택할 수 있는 과정이 제시되어 있다. 온라인 사역에서 사람들이 머물지 않고 떠나는 이유가 있다. 바로 다음 단계를 위한 길이 보이지 않기 때문이다. 엘리베이션 처치는 그런 측면에서 제자로서의 삶과 공동체를 탁월하게 연결해 놓았다. 만약 누군가 교회에 속하고 싶다면 클릭 한 번으로 미 전역과 전 세계에 퍼져 있는 소그룹 지도를 볼 수 있다. 이 소그룹 지도를 확장하면 각 지역에 있는 소그룹과 리더의 이름, 메시지를 전할 수 있는 메뉴가 뜬다. 모든 소그룹은 자생적으로 만들어지고 운영되는데 지역별로 주제별로 온라인과 오프라인별로 선택해 참여할 수 있다.

이렇게 전 세계에 걸쳐 소그룹이 형성될 수 있는 원동력은 바로 온라인 사역의 전문화와 소셜 미디어의 힘이다. 팬데믹 이전에 엘리베이션 처치는 이미 모든 교회의 사역을 온라인화하기로 결정을 내렸고 주 7일 24시간 교회를 오픈하고 연결할 수 있는 구조로 전환하였다. 다양한 소셜 미디어를 통해 메시지를 송출하고 사람들과 연결되려는 노력을 기울였다. 엘리베이션 처치의 소셜 미디어 사역을 총괄하고 있는 채드 졸로Chad Zollo는 이 사역의 원리가 그동안 교회에서 진행해 온 캠퍼스 모델로부터 배운 것이라고 밝혔다.

엘리베이션 처치가 처음 캠퍼스 교회를 시작하게 된 이유는 멀리서 오는 사람들을 위해서였다. 그들이 있는 곳에서 신앙생활을 할 수 있도록 돕기 위해서 개척된 캠퍼스가 지금은 20개가 넘는다. 이 원리가 온라인에 그대로 적용되었다. 그들이 있는 곳에서, 익숙한 환경에서 하는 일을 하면서 신앙생활을 하도록 교회는 그들을 찾아갔다. 온라인 소그룹과 페이스북 소그룹도 그런 연장선상에서 형성되었다.

온라인 소그룹은 온라인 교회 사역의 핵심이다. 엘리베이션 처치는 온라인 소그룹 공동체를 'eFam'이라고 부르는데 이 사역은 온라인을 통해 교회에 접속한 성도들의 정체성을 형성시켜준다는 점에서 매우 중요하다. 온라인 라이브 예배를 드릴 때 사회자나 설교자는 그들을 향해 "Hey, eFam"이라고 부르며 그들이 확장된 개념의 가족extended family임을 주지시킨다. 물리적으로 멀리 있지만 소속감과 정체성을 공유하도록 돕는다. 또한 그들은 교회의 기본을 구성하는 '4G' 사역에도 참여할 수 있다. 헌금을 통한 'Giving', 온라인 소그룹인 'e-Group', 온라인 자원봉사자로서 'Gifts', 콘텐츠를 공유하고 나눔으로서 복음을 전하며 교회의 성장을 돕는 'Growth' 사역이 바로 그것이다.

페이스북 eFam

eGroup 타입

소셜 미디어 사역의 특징

엘리베이션 처치는 소셜 미디어 사역의 101이라고 불릴 정도로 큰 영향력을 발휘하고 있다. 물론 그 기조에는 그들이 미디어 자체의 특성을 이해하고 있으며, 어떻게 활용해야 할지에 대한 방향과 기술이 있음을 부인할 수 없다. 사역의 탁월성이 어떻게 드러나는지 몇 가지 측면을 살펴보자.

첫째, 엘리베이션 처치는 사람들의 주목을 이끄는 방법을 안다. 소셜 미디어 사역에 있어 가장 중요한 요소 중 하나는 사람들의 이목을 집중시키는 일이다. 우리가 매일 경험하고 있듯이 소셜 미디어상에는 초 단위로 새로운 정보가 업데이트된다. 그 안에는 정체가 없다. 끊임없이 올라오는 내용으로 인해 불과 얼마 전에 올린 글과 이미지, 영상마저도 금세 시야에서 사라진다. 사람들은 끊임없이 손가락으로 화면을 올리면서 정보를 소비한다. 아무리 좋은 내용이라 할지라도 사람들을 멈춰 세울 수 없다면 그 순간 죽은 정보가 된다. 엘리베이션 처치는 바로 그런 면에서 사람들의 주의를 끌고 그들을 멈춰 세울 줄 안다. 사람들의 호기심을 유발하는 문구, 역동적인 모습이 담긴 영상과 참여를 자극하는 사역 등이 탁월한 이미지와 예술성에 담겨 사람들에게 다가간다.

둘째, 엘리베이션 처치는 전형적인 방식을 탈피해 새로운 기술과 알고리즘을 과감하게 활용한다. 예를 들어 카메라를 촬영하는 기법도 다르다. 대부분 교회는 예배 자체를 송출하기 위해 안전한 촬영을 한다. 좀 더 열의가 있는 교회들은 그 영상을 잘라서 짧은 클립을 제공한다. 그러나 엘리베이션 처치는 회중이 예배 안에 들어가 직접 참여하고 있다는 느낌이 들도록 촬영한다. 텍스트 메시지 활용법도 탁월하다. 예를 들어 인스타그램 스토리 팔로워가 된다면 주기적으로 텍스트 메시지를 받게 될 것이다. 거

Re _ Connect
온라인 사역 혁명

기에는 가장 최근 전파된 핵심 메시지의 문구나 질문이 담겨 있고 클릭을 하는 순간 설교 비디오를 보게 된다. 물론 메시지와 비디오 클립을 주변 사람들에게 공유할 수 있는 기능 또한 제공된다.

셋째, 이미지와 비디오 사용을 극대화하되 각 미디어의 특성에 맞는 차별화된 방식을 활용한다. 다른 교회와 같이 엘리베이션 처치의 기본 콘텐츠는 예배와 설교이다. 대신 예배를 다양한 방식으로 전달한다. 즉, 전체 예배, 찬양, 설교, 하이라이트 영상과 이미지 등으로 구분해 게시한다. 그렇지만 이 또한 단순히 보여 주기 위한 내용이 아니다. 그들은 여기에 호기심을 유발하는 질문이나 감동적인 문구, 마음을 끄는 텍스트를 입혀 클릭을 유도한다. 짧은 하이라이트 영상이나 클립 등을 만들 때도 기존의 편집 방식과는 다르다. 예배는 보통 강단과 설교자 전체가 보이게 촬영하지만, 짧은 클립은 말씀을 전하는 설교자의 얼굴과 상반신을 세로로 잡아 송출한다. 메시지가 개인적으로 전달되는 듯한 느낌을 줄 뿐 아니라 스마트폰 화면처럼 익숙함을 느끼게 하기 위해서다.

넷째, 소셜 미디어상에서 유행하고 있는 밈meme의 원리에 충실하다. 최근 들어 MZ밀레니얼과 Z세대 세대의 소비를 촉진하기 위해 쓰이는 방식 중 하나가 밈 마케팅이다. 밈 현상이 발생하기 위해서는 재미와 공감을 끌어내고 유행을 만들 수 있는 획기적인 콘텐츠가 있어야 한다. 또한 콘텐츠를 믹싱하고 재해석 할 수 있는 자율성도 필요하다. 엘리베이션 처치의 콘텐츠는 가볍고 재미가 있으며 따라 하고 싶은 욕구를 불러일으킨다. 그러한 특성이 공유와 확산을 일으키는 원동력이 된다.

다섯째, 그들의 콘텐츠에는 교회의 가치가 담겨 있다. 우리는 왜 이 교회 소셜 미디어에 수백만 명의 사람, 특별히 젊은 세대가 팔로잉하는지 진지하게 고찰해야 한다. 그것은 단지 많은 돈을 들여 전문 인력을 활용하고 브랜딩을 했기 때문이 아니다. 거기에 사람들이 열광할 수 있는 콘텐츠가 담겨 있기 때문이다. 물론 이것은 교회의 사역과 깊은 연관이 있다. 일 예로 엘리베이션 처치는 매년 수백 개의 자선 단체와 연결된 봉사활동을 하며 이를 위해 총수입의 12%를 지역사회를 돕는 데 사용한다. 금액으로 보면 매년 1천만 달러나 되는 큰 금액이다. 이를 통해 저소득층을 돕고, 학생들을 지도하고, 홈리스들에게 음식과 물품을 제공한다. 또 학대받는 아동을 위해 자원봉사를 하고 중독자와 환자들, 호스피스 병동을 위한 봉사를 한다. 수천 명의 자원봉사자가 연중 내내 섬기고 움직이는 모습이 소셜 미디어를 통해 공유된다. 참여하는 사람이나 보는 사람 모두 감동할 수밖에 없다. 교회가 무엇을 위해 존재하는지, 어떤 사역을 하고 있는지, 그것이 우리 삶에 어떻게 연동되고 무엇을 바꿔 가는지 가시적으로 보여 주는 콘텐츠가 있기에 사람들은 열광한다.

첫째, 소셜 미디어의 특성과 가치를 이해하는 것이 중요하다. 소셜 미디어를 단지 교회 홍보를 위한 보조적 수단으로 생각하지 말라. 소셜 미디어를 온라인 사역의 핵심 도구로 여기고 적극적으로 활용할 방안을 찾아야 한다.

둘째, 소셜 미디어를 선교적 도구로 활용하기 위해서는 교회가 익숙한 틀 대신 교회 밖 사람들의 문화와 방식을 배워 사용해야 한다. 이것은 교회의 정체성을 포기하거나 메시지를 희석하라는 이야기가 아니다. 오히려 복음의 메시지를 사람들이 보고 듣고 받아들이도록 문화에 적합한 방식을 사용하자는 의미이다. 엘리베이션 처치의 탁월성은 바로 여기에 있다. 교회의 전형적인 틀을 벗어나 재미와 예술, 기술에 메시지를 담는 방법을 그들은 안다. 그것 때문에 사람들은 이미지와 동영상의 홍수 속에서도 거기에 머물고 클릭을 한다. 우리 교회의 소셜 미디어에는 어떤 사람들이 관심을 두는지 점검해 보길 바란다.

셋째, 연결과 소통의 도구인 소셜 미디어를 통해 신앙 공동체와 사역이 이어질 수 있도록 해야 한다. 소셜 미디어의 일차적인 목적은 사람들 사이의 '소셜social'이 이뤄지는 일이다. 누군가 소셜 미디어를 통해 교회를 알게 되었다면 그다음은 어떻게 사람들과 연결될 수 있는지가 궁금할 것이다. 우리 교회의 소셜 미디어에는 이러한 내용이 포함되어 있는가? 그 속에 돌봄과 성장, 성숙으로 이어지는 과정이 드러나 있는가? 소셜 미디어를 통한 신앙 여정의 파이프라인이 선명하게 보이는지 확인해 보자.

넷째, 소셜 미디어의 특성을 살려 사역의 극대화를 추구해야 한다. 다양한 소셜 미디어를 활용해야 하는 이유는 플랫폼마다 선호하는 사람들이 다르기 때문이다. 세대와 취향별로 좋아하는 플랫폼이 따로 있다. 그 때문에 전문가들은 가능한 한 여러 플랫폼을 함께 활용하라고 조언한다. 유튜브, 페이스북 담벼락, 라이브, 커뮤니티, 인스타그램 TV, 하이라이트, 스토리, 트위터와 웹 사이트, 블로그 등과 같은 다양한 채널이 있다. 이 모든 채널을 다 사용할 수는 없지만, 그만큼 다양한 길이 있음을 잊지 말라. 힘이 닿는다면 교차 홍보를 통해 교회 소식과 메시지를 전하고 소통할 수 있는 길을 열어 놓는 것이 중요하다.

다섯째, 가치와 비전에 관한 내용이다. 소셜 미디어 사역을 계획하면서 다음과 같은 질문을 던져 보자. 우리 교회의 소셜 미디어는 교회 공동체의 가치를 온전히 대변하고 있는가? 교회의 독특한 문화와 사역을 반영하고 있는가? 사람들의 시선을 끌 만한 수준과 내용이 담겨 있는가? 사람들의 참여와 공유를 일으킬 수 있는 장치가 있는가? 믿음의 공동체로 연결될 수 있는가? 현실을 진단하고 미래를 내다보되, 이 시대를 위해 준비된 소셜 미디어를 활용해 온라인 사역과 선교가 더욱더 활기차게 일어날 수 있기를 기대해 본다.

호프 시티 처치

퍼슈트 처치 라이브는 최근 동역하던 목회자가 사역을 계승하면서 교회 이름을 호프
시티 처치(Hope City Church)로 변경함.

퍼슈트 처치 라이브

Pursuit Church Live

페이스북
온라인 교회 공동체

페이스북은 여러 소셜 미디어 중 온라인 사역에 가장 적합한 플랫폼 중 하나다. 실제로 북미의 많은 교회가 페이스북을 활용해 온라인 사역을 하고 있다. 공통의 관심사를 가진 사람들이 모이는 페이스북 그룹은 함께 기도하기 원하는 사람, 삶의 문제를 가진 사람 등이 모여 공동체를 형성할 수 있다. 페이스북을 통해 훈련받은 이들은 일반 교회로 용기 있는 걸음을 내디딜 수 있다. 페이스북의 영향력을 한국 교회는 어떻게 활용할 수 있을까?

퍼슈트 처치 라이브
Pursuit Church Live

페이스북
온라인 교회 공동체

반세기 전, 미래학자 앨빈 토플러Alvin Toffler는 미래를 '개연성 있는 상상'이라는 말로 표현하며 앞으로 다가올 변화의 충격에 대비해야 한다고 말했다.[21] 그의 예언처럼 오늘날 인류는 과거 상상의 영역에만 존재했던 일들이 현실화 되며 매일 새로운 도전과 충격을 받고 있다. 물론 역사 속에 크고 작은 사건들은 늘 있었다. 그러나 4차 산업혁명과 코로나19는 인류의 삶을 물리적 공간에서 디지털 가상 세계로 급속히 옮겨 놓았다. 컴퓨터와 인터넷, 스마트폰 등이 바꿔 놓은 세상을 생각해 보자. 같은 공간에 있는 사람들조차도 각자 자신의 디지털 기기에 연결되어 살아가는 모습이 점점 익숙해진다. 과거처럼 가족이 한자리에 모여 같은 방송을 보며 함께 웃고 대화를 나누던 모습이 오히려 낯설어진다. 더 많은 사람이 더 오래 온라인상에서 시간을 보낸다. 새로운 공간에 새로운 놀이가 생기자 인간은 그 속에서 또 다른 규칙과 삶의 방식을 만들었다. 언택트 문화가 대표적인 예라 할 수 있다.

> "이제 물리적으로 만나지 않고서도 함께 일하고 즐기는 사회로 바뀌며 새로운 말하기를 배워야 할 듯합니다."

이 말은 바이브컴퍼니의 송길영 부사장이 디지털 세대로 일컬어지는 MZ 세대와 소통한 후에 한 고백이다. 무엇보다 디지털 세대들은 익명성이 보장된 디지털 세계에서 시간 흐름에 제한받지 않으며 자신의 메시지를 다양한 방식으로 전달한다. 과거에는 소통의 기본 단위가 음성 통화였다면 이제는 각종 소셜 미디어를 통한 영상, 문자, 채팅, 이미지, 이모티콘 등을 보내며 자신의 감정과 의견을 제시한다.[22] 전혀 다른 방식이지만 이들과 소통하고 싶다면 그들의 언어와 문화를 배워야 한다. 그들은 전혀 다른 세상에서 태어나 전혀 다른 방식으로 살고 있기 때문이다.

온라인 교회 사역을 연구하면서 우리는 왜 온라인 사역이 중요한가를 질문해 왔다. 가장 단순한 이유는 그곳이 선교지이기 때문이다. 그곳에 사

Re _ Connect
온라인 사역 혁명

람이 모여 있고 복음이 필요하다. 그러나 이 사역은 단순히 교회의 메시지를 온라인에 담아 전달하는 차원이 되어서는 안 된다. 아무리 수준 높은 영상미와 콘텐츠를 제공한다 해도 소통이 되지 않으면 사람들은 관심을 기울이지 않을 것이다. 온라인은 전혀 새로운 장이다. 이곳에서 우리는 복음을 어디에 담아 어떻게 전달해야 할지 고민해야 한다.

소셜 미디어 : 디지털 선교의 새로운 영역

오늘날 MZ 세대가 열광하는 젊은 교회들은 소통을 중요시한다. 이를 위해 소셜 미디어를 적극적으로 활용한다. 엘리베이션 처치의 스티브 퍼틱이나 트랜스포메이션 처치Transformation Church의 마이클 토드Michael Todd, 바우스 처치Vous Church의 리치 윌커슨Rich Wilkerson 등은 이미 수만에서 수십만 명의 팔로워를 가진 인플루언서들이다. 물론 거기에는 그들을 뒷받침해 주는 탁월한 팀과 기술력이 존재한다. 그러나 영향력은 그것만으로 만들어지지 않는다. 이들은 디지털 세대와 연결되기 위해 그들의 문화 속으로 들어가 그들의 방식으로 소통하는 방법을 사용한다. 거기에 감성과 감각을 덧붙였다. 만약, 디지털 선교를 위한 디지털 교회digichurch가 필요하다면, 당연히 이 사역을 이끌 디지털 목회자digipastors 혹은 디지털 교회 개척자digiplanters가 필요할 것이다. 디지털 세계를 이해하는 디지털 시프트를 이뤄 디지털 선교를 시작해야 한다.

만약 디지털을 통해 온라인 교회와 선교를 하고자 한다면 어디에서부터 시작해야 할까? 한 가지 다행인 점은 기성세대도 이미 디지털 세상에 익숙하다는 사실이다. 누구나 이용하고 있는 소셜 미디어를 통한 선교는 그런 차원에서 매우 유용한 방식이다. 그중에서도 가장 이용자가 많고 친숙한 소셜 미디어인 페이스북을 통한 온라인 교회 사역의 가능성과 예를 살펴보자.

온라인 캠퍼스로서의 페이스북

페이스북은 여러 소셜 미디어 중 온라인 사역에 가장 적합한 플랫폼이라 할 수 있다. 실제로 북미의 여러 교회는 페이스북을 활용해 온라인 교회 혹은 온라인 캠퍼스 사역을 한다. 페이스북이 이렇게 널리 활용되는 이유는 무엇일까?

가장 먼저 페이스북은 전 세계에서 가장 많은 사람이 사용하는 소셜 미디어이다. 현재 전 세계 인구의 3분의 1이 넘는 사람이 사용하고 있다. 물론 젊은 세대는 인스타그램이나 틱톡 같은 소셜 미디어를 선호하는 경향이 있지만, 페이스북 사용자 중 63%는 34세 이하의 젊은이다. 13~17세의 청소년도 1억 6천 2백만 명이나 된다. 2019년 퓨리서치센터Pew Research Center에 따르면 미국 성인 중 70%가 페이스북 이용자이고, 그들 가운데 70%가 하루에 한 번 이상 접속을 한다. 무엇보다 18~29세 사이의 젊은이는 무려 10명 가운데 8명이 페이스북을 사용하고 있기에 페이스북은 여전히 다음 세대 선교를 위한 유용한 도구라 할 수 있다.[23]

최근 여러 교회가 온라인 사역을 위해 홈페이지를 업그레이드하거나 앱을 만든다. 중요한 노력이지만, 이러한 채널은 나름대로 한계점이 있다. 노나 존슨Nona Jones은 홈페이지와 앱을 주말에만 사용하는 교회 내 커피숍으로 묘사했다. 반면, 페이스북은 모든 사람이 언제든 드나드는 스타벅스와 같다고 비유했다.[24] 홈페이지나 앱은 교회의 멤버십을 가진 사람들이 주로 교회의 행사나 특별한 정보를 얻기 위해 접근할 때가 많다. 그러나 페이스북은 누구에게나 열려 있고, 언제든 접근할 수 있는 장점이 있다. 교회를 다니지 않는 사람들에게도 노출되어 있고 프로모션도 할 수 있기에 페이스북을 통한 교회 개척이 가능하다는 것이다.

또 한 가지 페이스북이 가지는 장점은 플랫폼 구성 자체가 온라인 사역에 적합한 기능들이 장착되어 있다는 점이다. 유튜브, 인스타그램, 트위터 등과 같은 소셜 미디어는 자신이 좋아하는 사람들의 일상과 콘텐츠를 보기 위해 팔로잉 한다. 그렇지만 페이스북은 사람들과의 관계를 형성하기 위한 네트워크 플랫폼이다. 공통의 관심사나 목적을 가진 사람들이 서로 연결되어 커뮤니티를 형성하는 것이 주목적이다.

다시 노나 존슨의 이야기를 들어 보자. 그녀는 페이스북의 구성 요소와 기능을 분석하면서 다음과 같이 묘사했다. 페이스북을 집으로 생각한다면, 페이스북 페이지는 현관 역할을 하고 페이스북 그룹은 거실과 같다.[25]

상식적인 이야기일 수도 있지만, 개인 페이스북은 말 그대로 개인을 중심으로 한 커뮤니티이다. 인원 제한도 있어 5천 명까지 연결될 수 있다. 반면에 페이스북 페이지는 비즈니스나 기관의 마케팅 혹은 홍보를 목적으로 한다. 가입도 팔로워 방식이기 때문에 사용자를 확장하고 트래픽을 증가시키는 데 편리하다. 따라서 대부분 교회는 페이스북 페이지를 홈페이지처럼 활용한다. 여기서 팔로워들은 교회에서 제공하는 설교 영상, 이미지, 광고 등을 볼 수 있다. 하지만, 새로운 친구를 만들거나 기도를 나누는 등의 활동은 제한적이다. 그러므로 사람들이 관계를 맺기 위해서는 집 안으로 들어와야 한다. 거실에 앉아 차를 마시며 대화를 하며 교제를 한다. 그것이 가능한 곳이 페이스북 그룹이다.

최근에는 페이스북 페이지 안에 그룹을 만들어 온라인 캠퍼스로 사용하는 교회들이 늘고 있다. 여러 다른 이름과 목적을 가진 그룹들이 형성되어 서로를 알아가며 관계를 증진 시키는 소그룹 사역이 가능하다.

정리하면 이렇다. 기존 전통 교회는 지역과 건물을 중심으로 모이기에 공간과 시간, 대상의 제한을 받지만, 페이스북 온라인 교회 공동체는 장소와 시간에 구애를 받지 않고 주제별 혹은 목적별로 소그룹 공동체를 만들어 사역할 수 있는 유연성과 확장성을 가진다. 예를 들어 성경 공부 모임, 기도 모임, 자녀를 둔 부모 모임, 이혼 부부 모임, 중독자 회복 모임 등 어떤 주제든 그룹 형성이 가능하다.

퍼슈트 처치 라이브

최근 페이스북을 통한 온라인 사역에 대한 관심과 인기가 높아졌다. 그렇지만 대부분의 교회는 페이스북을 오프라인 사역의 보조 수단 정도로 사용한다. 그런 면에서 퍼슈트 처치 라이브는 순수한 페이스북에 기초한 온라인 교회 공동체를 지향한다. 최근에는 『Online Jesus』[26]라는 책을 통해 이 교회 사역이 일반 대중에게 알려졌다. 그 내용을 기반으로 교회의 특성과 사역을 살펴보고자 한다.

퍼슈트 처치 라이브는 2017년 안젤라 크레이그Angela Craig에 의해 시작된 온라인 교회다. 하나님의 성회Assembly of God 교단에 속한 최초의 소셜 미디어 교회이기도 하다. 교회의 대표 목사인 안젤라 크레이그는 페이스북을 통해 상처받은 여성들을 대상으로 사역을 하던 중 교회를 개척하게 된다. 현재 이 교회는 약 1만 6천 명 정도의 팔로워가 있다. 여기에는 45개 나라 43개 언어를 사용하는 사람들이 속해 있다. 물론 오프라인상에서의 정식 모임과 만남은 없다. 사역의 일차 대상은 교회를 떠나간 가나안 성도나 온라인상에서 신앙 공동체를 찾고 영적 여정에 목마른 사람들이다. 그런 이유로 이 교회는 기존 교회의 온라인 사역과 결이 다르다. 전통적 형식의 주일 예배나 멤버십 훈련 등도 없다. 페이스북을 통해 연결된 사람들에게 다양한 형식으로 복음을 전하며 온라인 공동체로 이끌어 회복과 성장을 돕는다. 그리고 그렇게 연결된 성도들을 건강한 지역교회로 연결하는 노력도 기울인다. 그런 맥락에서 보면 이 교회는 페이스북을 기반으로 한 신앙 공동체이며 회복 공동체라고 볼 수 있다.

이러한 사역이 중요한 이유가 있다. 알려진 바와 같이 미국의 경우 교회를 떠나는 성도들이 급속히 증가하고 있다. 반면 온라인 교회를 찾는 사람들은 늘어나는 추세다. 구글 리포트에 따르면 팬데믹 이전에 이미 매달 '처치 온라인church online'이라는 검색어를 통해 교회를 찾는 사람의 숫자가 3만 명이 넘었다. 팬데믹 이후에는 그 수가 훨씬 더 늘어났을 것이다. 그만큼 온라인 교회에 대한 관심이 많고 신앙 방식이 달라지고 있다는 증거다. 안젤라 크레이그는 바로 이 점을 주목했다. 온라인상에 머무르며 영적 신앙 공동체가 필요한 사람들을 대상으로 교회를 세웠다. 그리고 그들에게 복음을 전하기 위해 소셜 미디어의 특성을 극대화한 방식으로 접근했다. 진정성 있는 소통이 이뤄지면서 사역은 확장되었다.

페이스북 페이지

퍼슈트 처치 라이브의 사역은 페이스북 페이지를 통해 이뤄진다. 그들은 자신에 대해 '장벽 없는 교회a church without wall로서 예수님을 추구하며 삶의 목적을 발견하고 사람들을 사랑하는 24시간 주 7일 열린 온라인 글로벌 공동체'라고 설명한다. "대부분 사람은 교회를 주일 아침에 참석하는 건물로 생각하지만, 우리는 일상과 세상에서 교회가 되며 이를 실천하는

Re _ Connect
온라인 사역 혁명

신앙 공동체입니다." 안젤라 크레이그는 초대교회를 통해 교회를 보는 새로운 눈이 열렸다고 말한다. 교회가 사면의 벽으로 둘러싸인 건물 내에서만 존재하는 게 아니라 성도가 있는 곳이 교회라는 사실을 발견했고, 그렇다면 사람들이 모여 있는 소셜 미디어도 교회가 될 수 있지 않겠느냐는 생각과 확신을 하게 되었다.

페이스북 프로필 커버

페이스북 페이지에는 매일 새로운 내용이 포스팅된다. 묵상을 위한 성경 구절이나 아티클, 신앙생활에 도움이 되는 사진, 이미지, 짧은 간증, 말씀 나눔 비디오 등이 올라온다. 대신 교회 광고나 행사에 대한 프로모션 등은 거의 보이지 않는다. 대부분 교회가 페이스북 페이지를 예배 중계, 설교 영상, 행사 광고, 교우 동정 등을 위해 활용하고 있는 현실을 고려하면 차이가 있다. 그에 대한 인상은 순수하게 신앙적인 내용으로 채워져 있다는 느낌이 든다. 누구나 쉽게 와서 좋은 글들을 보고 하나님에 대해서, 자기 자신에 대해서 돌아볼 기회를 제공하고 나아가 영적인 격려와 힘을 얻을 수 있는 분위기가 좋았다. 페이지 안에는 소그룹에 속하고 싶은 사람들을 위한 세 개의 그룹이 존재하고 있다. 하나는 자녀를 양육하고 가르치는 그룹, 두 번째는 여성들을 훈련하고 준비시키는 그룹, 마지막은 기도 그룹이다. 그룹마다 수백 명의 참여자가 속해 있는데 기도 그룹의 경우에는 763명이 활동하고 있었다.

페이스북 그룹

Re _ Connect
온라인 사역 혁명

페이스북 그룹Groups

온라인 공동체의 특징 중 하나는 자발성에 기초한다는 점이다. 이미 언급한 것처럼, 이 교회의 출발은 상처받은 여성들의 페이스북 모임에서부터 시작되었다. 그들 가운데 상당수는 기존 교회에서 상처를 받은 사람들이었다. 기존 교회에서는 자기 자신을 있는 그대로 내어놓기가 어려운 사람들이 이곳에 와서 위로받고 격려를 받았다.

사람들은 누구나 친밀감에 대한 갈망을 가지고 산다. 인정을 받고 싶어 한다. 그렇지만 자신을 있는 그대로 받아 주는 공동체를 찾기는 쉽지 않다. 퍼슈트 처치 라이브는 바로 그런 사람들을 위한 공간이었다. 자신의 이야기를 나누고 다른 사람의 이야기를 들어줄 기회가 제공되자 사람들이 안정감을 느끼고 관계를 형성하는 일이 발생했다. 세상에서 상처와 환난을 겪은 사람들, 원통하고 빚진 자들이 다윗의 아둘람 동굴로 모여든 것처럼 삶의 문제와 상처를 가진 사람들이 온라인 공동체로 모인 것이다.

그런 측면에서 리더의 역할이 중요하다. 온라인 공동체를 형성하기 위해서는 참여한 사람들을 개별적으로 인식해 주어야 한다. 이 교회의 사역이 확장될 수 있었던 이유도 바로 거기에 있었다. 안젤라 크레이그는 이것을 '온라인 공동체 형성의 비밀'이라고 불렀는데, 그녀는 참여한 사람들의 이름을 불러가며 그들에게 친밀하게 다가갔다. 마음을 열고 속에 있는 이야기를 할 수 있도록 했다. 마치 예수님께서 희망을 잃어버리고 소외되고 버려진 자들을 찾아가 그들의 존재를 인정해 주셨던 것처럼, 소망의 메시지를 전하고 그들의 이름을 부르며 말씀과 사랑으로 격려할 때 관계의 통로가 열렸다. 일방적 대화가 아닌 상호교류가 일어날 수 있는 문화를 형성해야 한다. 교회는 이러한 공동체성을 기르기 위해 다음과 같은 사역 원칙과 실천사항을 마련했다.

- **주목하기** 온라인 라이브에 접속한 사람들의 이름을 부르고 포스팅에 코멘트 달기.
- **기도하기** 온라인에 개인적인 기도 방을 만들고 페이스북이나 소셜 미디어를 통해 실시간 기도해 주기.
- **듣기** 온라인에 접속한 사람들과 연결되어 그들의 이야기를 듣고 능동적으로 반응하기.
- **질문하기** 소셜 미디어를 활용하여 자기 자신과 하나님에 대해 발견할 수 있는 질문 올리기.
- **사랑하기** 그들을 있는 그대로 받아들이고 섬김과 치유, 가르침을 통해 그리스도의 사랑을 전하기.
- **환영하기** 온라인 돌봄 팀을 만들어 코멘트와 메신저를 사용해 대화와 나눔 하기.
- **촉진하기** 공동체 안에서 서로 영감을 불어 넣을 수 있는 존재가 될 수 있도록 페이스북 그룹, 줌, 성경 앱 등을 통해 활동에 참여시키기.

Re _ Connect
온라인 사역 혁명

- **봉사하기** 이웃과 세상의 필요를 알리고 섬길 기회를 제공하기. 팀을 만들어 섬기기.
- **나누기** 온라인 공동체를 통해 그리스도 안에서 새로운 피조물이 된 자신의 이야기와 하나님의 이야기를 나눌 수 있도록 격려하기.

온라인 제자훈련과 돌봄

페이스북 그룹은 공통의 관심사를 가진 사람들이 함께 모일 수 있는 공간이다. 함께 기도하기를 원하는 사람들이나 설교 말씀을 듣고 나누기를 원하는 사람들, 혹은 지역 공동체를 섬기기를 원하는 그룹 등 다양한 형태의 모임을 만들 수 있다. 성격에 따라 누구에게나 열린 그룹을 만들 수도 있고 멤버십이 있는 사람들만 참여할 수도 있다. 퍼슈트 처치 라이브의 경우 그룹 공동체에 참가한 후 신앙 성장을 원하는 사람들을 대상으로 개인별 제자훈련을 한다. 이 사역은 다양한 소셜 미디어를 통해 이뤄진다. 줌, 페이스타임, 전화, 이메일, 미디어 메신저 등을 통해 맞춤형 교육을 한다. 또 다른 방식은 유버전 성경 앱을 통한 교육이다. 유버전은 지인들과 함께 말씀을 읽고, 나누고, 기도할 수 있는 공동체적 기능을 제공하기 때문에 개인뿐만 아니라 그룹 형태의 말씀 교육을 하는 데 유용하다. 퍼슈트 처치 라이브는 유버전 앱을 적극적으로 활용한다. 성경 본문을 함께 읽으며 말씀 묵상과 대화 나눔을 실시하고 있다.

안젤라 크레이그는 소셜 미디어 기반의 제자훈련이 이뤄지기 위해서는 상호 배움이 일어날 수 있는 학습 공동체 형성이 중요하다고 강조한다. 온라인 교회 공동체를 찾는 사람들은 관계에 대해서 목마른 사람일 확률이 높다. 따라서 그들이 소통할 수 있는 장을 열어 주는 것이 중요하다. 그런 관점에서 온라인 제자훈련은 전통적인 교회의 훈련과는 큰 차이가 있다. 리더의 개인적 터치가 중요하고 서로의 공통분모로 모일 수 있는 소그룹이 있어야 한다. 당연히 이들을 향한 돌봄도 제공되어야 한다. 퍼슈트 처치 라이브는 자원자들을 통해 이 사역을 감당한다. 어디에 있든지, 어느 때든지 기꺼이 연결되고 돕고자 하는 자원봉사자들을 세워 일대일 돌봄이 이뤄져야 한다.

첫째, 페이스북 라이브 스트리밍을 활용해 실시간 사역을 하는 일이다. 일차적으로 페이스북 라이브는 비용과 기술 면에서 전혀 부담이 없다. 누구나 바로 시작할 수 있다. 물론 그 시간에 시청하는 사람이 적을 수도 있다. 그러나 남겨진 영상은 몇 시간, 혹은 며칠이 지난 후에도 시청 가능하다. 페이스북 라이브 스트리밍이 특정 성도뿐 아니라 일반 대중에게 모두 노출이 된다는 점에서 선교적으로 유용하다. 당연히 믿지 않는 사람들을 고려해서 내용과 형식을 준비할 필요가 있다.

둘째, 사역의 열매는 연속성과 지속성을 통해 나타난다. 온라인 사역은 얼마나 자주 일반 대중에게 노출이 되느냐와 깊은 연관성이 있다. 퍼슈트 처치 라이브의 경우 매일 새로운 말씀과 묵상, 간증 영상 등이 올라온다. 지역교회의 경우 요일별 미팅과 콘텐츠를 만들어 사용하는 것도 생각해 볼 필요가 있다. 예를 들면 목사님과 라이브 미팅, 성경 말씀을 읽고 토론하는 시간, 기도 제목을 나누고 중보 하는 시간, 주중 소그룹 미팅, 라이브 예배 중계 등 여러 가지 콘텐츠를 요일별로 배치해 정기적으로 활용하다 보면 더 많은 성도가 지속적으로 관심을 가지고 참여할 수 있다.

셋째, 그룹 기능을 통해 소그룹 사역을 활성화하는 부분이다. 앞서 언급한 것처럼, 소셜 미디어에 접속하는 사람들은 자신의 필요와 관심에 따라 움직인다. 영적 공동체를 찾는 사람들도 결국은 자신의 영적 필요를 채워줄 수 있는 곳으로 가게 된다. 따라서 교회가 다양한 그룹을 신설하여 자신의 필요에 따라 참여하게 하는 방식이 효과적일 수 있다. 연구하면서 생각보다 소수의 교회만이 이 다양성과 선택의 원리를 따르고 있음을 알 수 있었다. 큰 교회들도 페이스북 페이지 안에 단 하나의 그룹을 가지고 있는 경우가 대부분이었다. 온라인 사역을 활성화하기 원한다면 좀 더 다양하고 친밀한 공동체가 형성되어야 한다. 그런 면에서 온라인 소그룹 리더를 세우고 그들을 중심으로 자발적인 그룹이 형성될 수 있도록 도울 수 있기를 바란다.

넷째, 온라인 교회도 사람과 사람이 만나는 사역임을 기억해야 한다. 온라인 교회를 찾고 공동체에 참가하는 사람 중에는 가나안 성도가 많다는 보고가 있다. 교회에서 상처를 받은 사람들도 있고 직장이나 건강상의 이유로 오프라인 교회에 갈 수 없는 사람들도 있다. 삶의 문제나 영적 필요가 있어 문을 두드리는 사람들도 물론 존재한다. 결국, 사역은 사람을 돌보는 일이다. 오프라인이든지 온라인이든지 이 일은 같다. 단지 채널과 방식이 다를 뿐이다. 그러므로 온라인에 접속한 사람들을 인격적으로 대우하고 관계를 맺고 발전시키는 일은 사역의 기본이고 핵심이라 할 수 있다. 단지 좋은 설교를 업로드해서 다수의 사람이 클릭하고 떠나는 모습을 기대하지 말기 바란다. 한 영혼 한 영혼을 페이스북이라는 채널을 통해 만나고, 그 속에서 서로 연결되어 관계를 발전시키며 영적 회복과 성장을 이루는 플랫폼으로 활용해야 한다. 그렇게 할 때 온라인 사역이 더욱 의미 있게 발전할 수 있다.

다섯째, 페이스북을 통한 온라인 사역은 페이스북의 특징을 활용할 때 극대화된다. 퍼슈트 처치 라이브 주일 예배에 접속했다가 곧바로 실망한 적이 있었다. 기대했던 예배가 아니었기 때문이다. 찬양 인도자도 없고 사회자도 없고 깊은 설교나 성찬, 축도도 없었다. 예배라고 하기에는 너무 빈약해 보였다. 그 시간에 접속하는 사람도 많지 않았다. 그런데 이후 책을 읽고 연구하면서, 이 교회가 일반 교회와 똑같은 기능을 하기 위해 설립된 교회가 아니라는 것을 알게 됐다. 이 온라인 교회는 온라인상에서 공동체가 필요한 사람들을 품고 훈련하고 회복 시켜 일반 교회로 연결하거나 성장할 수 있도록 돕는 데 일차적인 목적이 있었다. 따라서 온라인상에 있는 사람들이 듣고 머물 수 있는 방식을 택했다. 주일 뿐 아니라 주중 어느 시간에도 참여할 수 있도록 문을 열었다.

디지털 세계에서 복음을 전하기 위해서는 디지털 문화를 입고 접근해야 한다. 그들의 방식과 언어를 사용해야 한다. 만약 기존 교회에서 페이스북이나 소셜 미디어를 사용해 온라인 교회 사역을 하기 원한다면, 이런 접근이 교회 공동체와 연결될 수 있는 중간 단계로써 활용될 수 있다고 생각한다. 또한 누군가는 이렇게 온라인을 통해 사람들을 복음과 연결해서 회복과 성장을 이룰 수 있게 하는 역할을 해야 한다는 면에서 퍼슈트 처치 라이브의 사역은 의미가 있다고 생각한다. 결국, 온라인 사역에 대한 뚜렷한 비전과 목적이 세워져 있는지를 먼저 점검해야 한다. 이를 통해 사람들이 복음을 만나고 공동체를 경험하며 온전한 성도로서 자랄 수 있도록 하는 환경을 구축해야 한다. 그러한 전략 속에서 진정성 있는 사역이 이뤄지기를 기대해 본다.

프레쉬 익스프레션스

chapter 6

프레쉬
익스프레션스
Fresh Expressions

네트워크를 통한
온라인 사역

성도와 성도가 연결되고 그룹과 그룹이 연결되며 교회와 교회가 연결되는 네트워크를 이룰 때 교회는 하나님 나라 운동의 힘찬 역동성을 가질 수 있다. 문화에 민감하게 반응하는 작고 다양한 교회들이 네트워크를 이룬 FX는 아날로그 공동체와 온라인 디지털 공동체가 공존하는 방식을 가진다. 형태와 모습이 다양한 만큼 앞으로의 성장 가능성 또한 무궁무진하다. 한국 교회 역시 이제는 FX와 같은 새로운 교회의 등장을 고민해야 할 시기이다.

프레쉬 익스프레션스
Fresh Expressions

네트워크를 통한
온라인 사역

21세기 현대 사회의 가장 큰 특징 중 하나는 삶의 자리가 지역 중심에서 네트워크 중심으로 전환되었다는 점이다. 불과 얼마 전까지만 해도 삶의 범주는 내가 거주하고 있는 동네와 지역에 한정되어 있었다. 그러나 기술의 발전은 삶의 범주를 확장 시켰다. 이제는 클릭 몇 번을 통해 필요한 물품을 사고 경제 활동을 한다. 회사에 가지 않고 집에서 일하고 다른 나라에 가지 않아도 그 나라에 대한 정보를 생생히 알 수 있다. 관계를 맺는 방식도 달라졌다. 사람들은 이제 관심사와 취미, 가치에 따라 모인다. 온라인 네트워크 중심의 관계 형성이 가속화되고 있다.

이러한 변화는 기존 교회 사역에도 큰 영향을 미친다. 사람들은 더욱더 자유롭고 편안하고 가벼운 모임을 선호한다. 온라인상에서는 특히 더 자신의 취미와 관심사에 맞는 공동체에 가입하고 언제든지 쉽게 떠날 수 있다. 그렇다면 소속에 대한 충성심이 사라져 가는 시대에 교회는 구속력 있는 사역을 어떻게 할 수 있을까?

선교학자 폴 히버트Paul Hiebert는 공간과 관계에 대한 실마리를 경계 집합bounded set 이론과 중심 집합centered set 이론에서 제시한다. 경계 집합이란 경계선이 분명한 조직 구조를 뜻한다. 울타리를 쳐 놓고 소와 양을 돌보는 농장의 모습을 떠올려 보라. 이런 구조는 바깥세상과 높은 담을 쌓고 문화적으로 배타적이며 변화에 미온적인 조직의 모습과 같다. 이에 반해 중심 집합 모델은 담장과 울타리가 없다. 이는 마치 넓은 초원에 동물들을 풀어 놓고 방목하는 모습과 유사하다. 그렇다면 울타리 없이 어떻게 동물을 돌볼 수 있을까? 그 중심에 우물을 파는 것이다. 동물들은 물 주변에 머물며 멀리 떠나지 않는다. 중심에 무엇이 있는지가 중요하다.

전통적인 교회는 높은 담장을 쳐 놓은 경계 집합과 비교될 수 있다. 교회 안에서 대부분의 일이 이루어진다. 그러나 오늘날처럼 물리적 공간을 초월해 사는 사람들에게 이러한 구조가 더는 효과적일 수 없다. 사람들이 찾아와 머물 수 있는 우물이 있어야 한다. 그곳에서 생수를 마시고, 그 생수를 마신 성도들은 세상에서 또 다른 우물이 되어야 한다. 그런 구조에서 교회는 네트워크를 이룬다. 성도와 성도가 연결되고 그룹과 그룹이 연결되며 교회와 교회가 연결되는 네트워크를 이룰 때 교회는 하나님 나라 운동의 역동성을 가질 수 있다.

네트워크로서의 FX

2004년 영국에서 시작된 프레쉬 익스프레션스Fresh Expressions, 이하 FX로 지칭 운동은 네트워크 모델의 전형적인 예이다.[27] 언뜻 보면 기존 교회와 병립할 수 없을 것 같이 보이는 이 운동은 놀랍게도 영국 성공회Church of England와 감리교에서 처음 시작되었다. 전통적인 방식으로는 믿지 않는 사람들에게 다가가기 어려움을 느낀 교회가 교단적 차원에서 파격적이고 문화적인 방식을 통해 새롭게 교회를 개척할 수 있도록 시작된 사역이 현재는 영국을 넘어 캐나다, 뉴질랜드, 호주, 미국으로까지 확장되었다. 이제는 특정 신학과 교회 전통의 틀을 넘어 국제적인 네트워크를 형성하고 하나님 나라 사역을 이어 가는 영향력을 발휘하고 있다.[28]

FX 사역은 복음을 전하고자 하는 대상의 문화와 상황에 맞는 접근을 하므로 하나의 틀로 규정하기 어렵다. 그들의 홈페이지에 따르면 FX는 '시골이나 교외 어디든 모일 수 있고, 공공장소, 가정, 대학 기숙사에서 나타날 수 있다. 아이들이 포함된 가족들이 모이는 번잡한 교회messy church로부터 결혼한 커플이 이끄는 아모레 그룹까지 특정 그룹을 대상으로 한다. 바이

커 교회, 카우보이 교회, 예술가를 위한 교회, 퇴근 후 혹은 일터 교회 등 한계가 없다.'[29]

운동 자체가 자율적이며 창의적이지만 지향점은 선명하다. 그들의 공동 목적은 교회를 다닌 적이 없거나un-churched 교회를 떠난 사람de-churched에게 복음을 전하고 그들을 포용하는 신앙 공동체를 형성하는 것이다. 그들은 자신의 정체성을 다음과 같이 밝힌다.

> '프레쉬 익스프레션스는 후기 기독교 사회에 보다 효과적으로 참여하기 위해 기존 교회와 함께 새로운 교회를 배양하는 선교적 제자들의 국제적 운동이다.'

그렇다면 이 운동의 특징은 무엇인가?

① 현재 교회를 다니지 않는 사람을 찾아가 하나님의 선교에 참여한다는 의미에서 선교적missional이다.

② 특정 문화적 상황에서 그들의 문화와 언어를 기반으로 한다는 점에서 상황적contextual이다.

③ 예수의 방식 안에서 제자를 만든다는 초점에서 형식적formational이다.

④ 지역에 기반을 둔 유형의 신앙 공동체로서 교회적ecclesial이다.

이러한 사역은 제3의 장소third place를 통해 주로 이뤄지는데, 제3의 장소란 집과 일터 외에 사람들이 시간을 가장 많이 보내며 선호하는 장소를 뜻한다. 커피숍이나 스포츠 클럽, 엔터테인먼트, 펍이나 바, 소셜 미디어 등이 여기에 속한다. 그런데 최근에는 제3의 장소도 개념이 많이 달라지고 있다. 과거에는 지역 기반의 모임이 중심이었던 반면 지금은 취미나 관심사 등을 중심으로 한 '네트워크' 형태가 많아지고 있다.

　FX는 바로 이렇게 사람들을 만나고 복음을 전하기 위해 제3의 장소를 의도적으로 선택해 그들과 관계를 맺고 교회를 개척한다. 다음 그림은 FX가 상황화 된 교회를 어떻게 시작하고 설립하는지를 보여 준다. 먼저 복음을 전할 대상에게서 듣고, 그들에 대한 사랑과 섬김을 통해 신뢰를 기반으로 한 공동체를 세운다. 이들과 지속적인 관계 속에서 제자를 만들며 그 결과 교회가 형성된다. 교회 중심적 사역과 달리 철저히 수용자 중심의 사고와 전략을 펼치고 있음을 알 수 있다.

FX의 여정

네트워크와 온라인 교육과 훈련

코로나19가 발생하고 FX도 충격을 받았을까? 물론 그랬다. 코로나19 팬데믹은 사람들을 강제로 집에 머물게 했고, 어쩔 수 없이 시작된 온라인 예배에 대한 논의와 비판도 제기됐다. 그러나 FX 내에서는 이러한 혼란이 오래 가지 않았다. 상황에 민감한 사역을 강조해 왔기 때문에 온라인 사역을 적극적으로 받아들이고 활용하는 데 주저함이 없었다. 무엇보다 그들에게 있어서 온라인은 떠오르는 제3의 장소였다. 복음을 전해야 할 장소이며 대상이 그곳에 있었기에 온라인 사역은 선택이 아니라 필수가 됐다.

이들이 온라인 사역에 빠르고 능동적으로 참여할 수 있었던 또 다른 요인은 FX의 구조가 네트워크 형태로 이루어졌다는 점과 연관성이 있다. FX 리더십은 코로나19가 발생하자 그 어떤 교단이나 기관보다 빠르게 반응했다. 새로운 상황에 대한 분석과 연구, 대응책을 제공했는데 이 모든 것이 웨비나웹과 세미나를 결합한 신조어 형태로 중계되었다. 아래 목록은 코로나19 팬데믹이 발생한 이후 실시했던 웹 세미나 내용 중 일부다.

- How Your Church can be Faithful During Coronavirus (코로나 바이러스 기간 중 교회가 신실할 수 있는 방법)
- Help! We Have to Become a Distributed Church Overnight! (도움! 우리는 하룻밤 사이에 분산된 교회가 되어야 합니다)

8 January 2021 | 0

Learn How Your Church Can Worship Both Online and In-Person in Innovative Ways

The year 2020 brought about seismic shifts in the way we engage in weekly worship, but the Good News of Jesus Christ has remained the same. In this new season of ministry, you need a strategy for telling the old story in whatever setting you find your church can gather in. Hybrid Worship draws on [...]

Matt Lake | 29 June 2020 | 0

Made For This

We are now many months into this season of the pandemic and, like every other pastor I know, I feel the burden and panic of wondering what ministry in this new COVID world looks like and how to lead a church within such a time. But I think the first five weeks of realizing "no [...]

READ MORE

Luke Edwards | 6 April 2020 | 0

What is Church? An Essential Question For the Church in a Time of Social Distancing.

In a blog post a few years back, I stated, "One of the greatest contributions of the Fresh Expressions movement is reinvigorating the conversation about what church actually is." Over the past five years as a part of the fresh expressions movement I have constantly wrestled with the question, "What is church?" Can new forms [...]

Jon Davis | 30 March 2020 | 0

How a Crisis Has Revealed the Necessity of a Distributed Church... and Why it's Crucial to the Future of the Body of Christ

I have heard it said by many and I have said it myself in recent weeks; We are living in unprecedented times! Coronavirus / COVID-19 has brought us a new vocabulary of Sheltered at Home, Social Distancing, PPE (Personal Protective Equipment) and more. It truly is a global event. I agree with the term unprecedented, [...]

FX 웨비나

- Epidemics: How the Church Has Responded Throughout History (전염병: 교회가 역사 전반에 걸쳐 반응한 방법)

- Impending Doom? How to Prepare for the Coming Economic Challenge (임박한 운명? 다가오는 경제 도전에 대비하는 방법)

- Zoom Liturgy: How to Move from Broadcasting to Interacting (줌 예식: 방송에서 상호작용으로 이동하는 방법)

- Reset: Start Your Church Again after the Quarantine (리셋: 격리 기간 이후 교회를 다시 시작하라)
- Crisis: Your Congregation's Opportunity for Change (위기: 변화를 위한 회중의 기회)
- Unlock Your Creative Potential: Help Your Church Innovate Now and into The Future (현재와 미래의 혁신을 도울 창의적 잠재력을 발휘하라)
- How Tired Churches can Re-Engage in Mission While the Pandemic Continues (팬데믹 동안 교회가 선교에 다시 참여하는 방법)
- Drive-thru Dinner Church (드라이브스루 디너 교회)
- Digital Discipleship (디지털 제자도)
- Winter is Coming: Preparing for Cold Weather & Covid (겨울이 온다: 추운 날씨와 코비드를 준비하기)
- Adaptive Leadership for a New Ministry Frontier (새로운 사역 프런티어를 위한 적응 리더십)
- How not to Waste a Crisis (위기를 낭비하지 않는 방법)
- Planning for a Digital-First Church (디지털 우선 교회를 위한 계획)
- Gathered & Sent (모이고 흩어지는)
- A Church of First-Responders (첫 번째 응답자들의 교회)
- Light in Dark Times: Healing Souls During the Pandemic (암흑기의 빛: 팬데믹 기간 중 영혼 치유)

Re _ Connect
온라인 사역 혁명

위의 주제에서 볼 수 있듯이 FX는 빠르게 시대를 읽고 대응하는 법을 공유했다. 전염병이 가져올 영향력으로부터 역사 속에서 어떻게 교회가 반응했는지, 또한 사회적 경제적 문화적으로 어떤 변화가 발생할지도 다루었다. 나아가 자신의 정체성 위에서 디지털을 통한 사역 방법도 나누었다. 디지털 예식에서부터 디지털 교회를 세우기 위한 계획과 디지털 제자 훈련, 리더와 회중을 변화시키는 방법, 이 기간을 선교적으로 활용할 수 있는 방식과 예를 지속해서 제시함으로 FX 운동에 속한 교회들이 흔들리지 않고 정체성을 지키며 변화할 수 있게 도왔다.

웨비나뿐만 아니다. 그들은 홈페이지 블로그를 통해 엄청난 양의 아티클을 제공했고, '레지리언트 처치 아카데미Resilient Church Academy'[30]와 같은 전문화된 온라인 훈련 프로그램도 만들었다. 이를 통해 공동체가 의식적으로 무장되며 능동적으로 반응할 수 있는 생태계를 조성했다.

온라인과 오프라인이 극대화된 하이브리드 교회

앞서 언급한 것처럼 FX는 그 형태와 모습이 다양하다. 감리교회 FX 리더로서 온라인 사역에 많은 영감과 사역을 이끄는 마이클 벡Michael Adam Beck은 팬데믹 이후 모든 교회의 사역은 피지컬physical-디지털digital이 융합된 하이브리드 유기체hybrid-organism로 변화할 거라 예상했다.

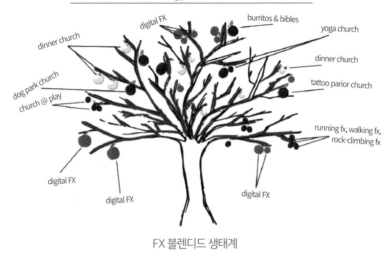

The Blended Ecology as the Tree of 40 Fruit

FX 블렌디드 생태계

이러한 교회는 위 그림과 같이 기존 교회의 유산과 전통에 깊은 뿌리를 내리되 시대 문화에 민감하게 반응하는 작고 다양한 교회FX들이 네트워크를 이룬 형태다. 이것은 지역과 주민들의 상황에 반응해 형성된 아날로그 공동체와 온라인 디지털 공동체들이 함께 공존하는 방식이다. [31]

그렇다면 이렇게 특성화된 작은 공동체의 온라인 사역은 어떤 모습일까? 사실, 작은 교회는 큰 교회에 비해 온라인 사역이 약할 수밖에 없다는 인식이 있지만, FX의 온라인 사역을 보면 작기 때문에 더 다양하고 특색 있는 방법이 가능함을 알 수 있다. 예를 들면 많은 FX 교회들이 온라인 예배를 교회 대신 가정집 거실에서 진행한다. 이 부분에 의아해할 사람들도 있겠지만, 미국의 경우 대형 교회들도 주일 예배 세팅을 가정집처럼 만들어 진행하는 경우도 많았다. 텅 빈 예배당 무대 위에서 만들어진 방송을 참관하는 방식은 인격적 만남이 부족할 수밖에 없다. 그러나 가정집에서 서로 연결된 예배는 인격적 친밀감과 참여도를 높이는 효과가 있다. FX의 사역은 대부분 평신도 자원봉사자들의 헌신으로 이뤄지기 때문에 기술과 영상미 등에 쏟는 물질이나 투자 대신 누구나 쉽게 접근하고 사용할 수 있는 소셜 미디어나 무료 스트리밍 플랫폼을 활용한다.

마이클의 리빙룸 처치Living Room Church의 경우, 매주 주일 예배를 여섯 명의 성도여섯 개의 리빙룸와 실시간으로 연결하여 예배를 진행한다. 참여한 평신도들은 예배의 순서를 맡고 인터뷰나 간증도 한다. 디지털 기기로 연결된 성도들은 함께 기도와 찬양을 하고 사도신경을 암송한다. 헌금을 드리고 성만찬을 하며 기존 예배에서 기대할 수 있는 모든 것을 온라인에서 공동체적으로 실시한다. 온라인의 특성을 고려해 설교 방식도 바꾸었다. 성직자 한 사람이 30~40분을 일방적으로 전달하는 형식 대신, 디지털 기기를 통해 누구든 질문을 하고 대화하며 소통할 수 있게 했다.

또 한 가지 특징은 예배 사역을 주일로만 한정하지 않는다는 점이다. 삶의 자리에서 성도들의 거룩한 공동체를 만들고 선교하는 공동체가 되기 위해 그들은 예배와 사역을 주일에서 일상으로 확장했다. 여기서 중요한 개념이 디지털을 통한 연결이다. 코로나19 이전에는 모임이 주로 집이나 카페, 커뮤니티 센터, 운동장, 식당 등에서 이루어졌다. 그러나 코로나19 상황에서 이런 모임도 중단되어야만 했다. 그 여파로 사역 자체가 멈추거나 와해되는 경우도 발생했다. 그 대신 온라인 모임으로 전환해 지속 가능한 사역을 하는 예도 많다.

몇 가지 예를 들어 보자. FX 사역 중 기존 교회에서 많이 행해지고 있는 디너 처치Dinner Church가 있다. 디너 처치는 교회에 익숙하지 않은 사람들이나 거부감이 있는 사람들을 초청해 함께 식사를 나누고 관계를 쌓고 복음을 전하는 사역이다. 시애틀에서 시작되어 지금은 미 전역과 유럽 등지로까지 퍼져 '디너 처치 컬렉티브Dinner Church Collective'라는 조직이 생길 정도로 활발하다. 여러 가족이 모여 행복한 식탁을 나누고, 음악과 활동, 예배가 있는 모습을 상상해 보라. 그러나 코로나19로 이 모임 역시 불가능해졌다. 그때 시도된 것이 '온라인 디너 처치'이다. 준비된 음식을 픽업하거나 각자 집에서 음식을 만들어 온라인에서 만난다. 식사하면서 예배와 다양한 활동을 한다.

또 다른 예는 '디지털 요가 교회'이다. 유튜브나 페이스북 라이브, 줌 등을 통해서 모임이 이뤄진다. 참여자들은 각자 자기 집 매트 위에서 참여한다. 본격적인 활동을 시작하기 전에 준비된 말씀과 복음을 먼저 나누고, 이후 강사와 함께 요가를 하는 형태다.

'온라인 러닝 클래스' 또한 활발한 사역 중 하나다. 성경뿐 아니라 제자훈련, 독서 클럽, 인문학, 영화 등의 주제로 모여 학습하며 삶을 나누는 공동체이다. 여기서는 온 가족이 참여하는 활동, 자녀와 함께하는 사역, 공동체가 함께 참여하는 기도 모임이나 목회적 돌봄 등도 온라인에서 이뤄진다.

생각해 보면, 코로나19는 모든 사역을 일시적으로 중단시켰지만, 디지털은 기존 사역을 새로운 형태로 전환했다. 떨어져 있는 사람들을 공통의 관심사로 모이게 하고 삶과 삶이 연결되는 경험을 통해 동질감을 느끼며 영적 신앙 공동체로 발전될 수 있는 복음의 도구가 된다. 그런 관점에서 하이브리드 형태의 교회는 앞으로도 예루살렘과 안디옥뿐 아니라 모이고 흩어지는 장막과 성막, 또한 아날로그와 디지털 모두를 통해 전통적 회중과 새로운 회중이 브렌디드 된 형태가 될 것이다.[32]

첫째, 네트워크 사역의 강점을 배우고 적용할 필요가 있다.
한국 교회는 대부분 교단 중심적인 구조로 되어 있다. 지금까지의 사역이 기존 구조를 강화하고 유지하는 측면에 강점이 있었다면, 이제부터는 좀 더 모험적이고 창의적인 연구개발R&D로서의 역량 강화를 해야 한다. 지역교회가 자신의 범주를 뛰어넘는 생각과 계획을 세우기는 쉽지 않다. 네트워크 차원의 연구와 지지가 있다면 훨씬 더 과감하고 모험적인 시도를 하게 될 것이다.

둘째, 이 시대는 더 작고 민첩하고 상황화된 사역을 요구한다. 그러나 이러한 사역은 단지 형태와 형식을 바꾼다고 이루어지는 것이 아니다. 복음을 전하려 하는 대상에 대한 존중과 연구를 통해 접촉점을 만드는 과정에서 자연스럽게 나타난다. 온라인 사역도 마찬가지다. 교회는 이제 디지털 공간에서 어떻게 성육신적 현존incarnational presence을 할 수 있을지를 심각하게 고려해야 한다. 온라인을 도구화하려는 생각 대신, 온라인에 있는 사람들에게 복음을 전하기 위한 존재 방식과 사역 방식을 찾아야 한다. 거기서 만나는 특정 사람을 품고 나아가게 될 때 사역은 특성화된다.

셋째, 물리적 사역과 온라인 사역이 유기적으로 결합된 사역hybrid **생태계를 조성하라.** 코로나19가 종식되더라도 온라인 사역은 계속될 것이다. 이를 위해 교회는 온라인과 오프라인이 어떻게 상호작용을 할 수 있을지에 대한 그림을 가지고 있어야 한다. 예를 들면 처음 온라인 활동 그룹독서, 요가, 디너 처치 등에 접속한 새가족이 다음 단계에 줌이나 메신저 등을 통해 사역자들과 개인적으로 연결되고, 이후 디지털 예배에 참여한 후 결국에는 오프라인 공동체에 참여하게 되는 식이다. 새들백 처치처럼 새가족 교육과 교육 훈련 모델 등을 접목하는 방식도 좋은 대안이다. 먼저 소속belonging을 이루고 이후 믿음believing과 제자화로 이어지되 온라인과 오프라인 공동체에 속해 신앙 성장과 사역에 참여할 수 있도록 돕는 구조를 구상해 보자.

넷째, 협업과 참여의 정신을 적극적으로 활용하라. FX의 사역은 대부분 일상 중심으로 진행되기 때문에 평신도의 참여와 리더십이 핵심이다. 교회는 은사와 재능을 가진 평신도의 가능성을 믿고 그들이 사역적 파트너가 될 수 있도록 다양한 기회를 제공해야 한다. 온라인 예배 자체도 마찬가지다. 성직자 중심의 전형적 예배 대신 평신도가 참여하고 이끄는 예배를 시도해 보라. 대표 기도와 성경 봉독 같은 순서뿐만 아니라 특별 인터뷰나 간증 영상, 가족들을 소개하고 기도 제목을 공동체적으로 나누는 시간, 예배 후 온라인 친교를 위해 전 가족이 참여할 수 있는 프로그램 등 평신도가 주체가 되어 이끌 수 있는 요소는 무척 많다.

다섯째, 온라인 사역은 온라인 환경에 최적화된 방식으로 이루어져야 한다. 온라인 사역의 일차 대상이 온라인 문화에 익숙한 교회를 다니지 않는 사람들이라고 한다면 그들의 문화와 소통 방식을 배워 소통할 수 있어야 한다. 기존 교회에서처럼 30~40분 정도의 길이로 일방적 전달 중심의 설교를 하거나 오프라인 예배를 그대로 중계하는 방식은 비신자에게 어렵게 느껴진다. 온라인 문화에 맞는 내용과 형식으로 전환해야 한다. 이를 통해 믿지 않는 사람을 초청할 수 있고 즐겁게 참여할 수 있는 분위기를 제공할 수 있다면 선교 사역에 실질적 도움이 될 것이다.

chapter 7

라잇나우 미디어
RightNow Media

영적 성장과 제자도 형성을 위한
온라인 플랫폼 사역

코로나19를 통해 우리는 기술이 모든 것의 대안이 될 수 없고 동시에 모든 것의 장애물일 수도 없음을 배웠다. 온라인 사역은 대면 사역을 할 수 없었을 때 선용되었지만, 오프라인 모임에 대한 새로운 도전을 우리에게 던져 주고 있다. 이를 위해 영적 성장과 제자도 형성을 돕는 도구로서의 온라인 플랫폼 사역을 소개하고자 한다.

라잇나우 미디어
RightNow Media

영적 성장과 제자도 형성을 위한
온라인 플랫폼 사역

코로나19의 긴 터널을 통과하면서 우리는 많은 변화를 경험하고 있다. 포스트 코로나19 시대에 우리의 삶은 어떠할까? 아마 이전과는 생각과 습관이 많이 달라져 있을 것이다. 교회의 미래도 마찬가지다. 필자가 거주하고 있는 미국 캘리포니아의 경우에는 지난 1년 6개월 동안 한 번도 교회 문을 열지 못한 교회가 많았다. 그 사이 문을 닫는 교회도 생겼고 간신히 명맥을 유지하며 버티는 교회들도 있었다. 힘겨운 시간이었다. 다행히 최근 미국에서는 광범위한 백신 보급과 접종을 통해 닫혔던 문들이 열리면서 이제는 어느 정도 일상의 삶이 회복되고 있는 듯한 느낌이다. 휴일이면 쇼핑몰이나 음식점들, 공원과 바닷가에는 사람들이 이전만큼이나 많이 몰린다. 직장과 학교도 문을 열고 고사 위기에 처해 있었던 공항과 항공 산업도 여행을 가려는 인파로 북적거린다. 이제야 사람 사는 것 같다는 이야기들이 곳곳에서 들린다.

교회도 문을 열었다. 코로나19 기간, 목회자들은 교회 문이 열리기만 하면 사람들이 물밀듯 몰려와 이전보다 더 뜨겁고 감격스러운 예배를 드릴 수 있으리라 기대했다. 그런데 막상 모임이 허락되자 현실은 사뭇 다르게 나타나고 있다. 최근 리서치를 위해 방문했던 교회들은 대부분 50~60% 정도의 회복률에 그치고 있었다. 그나마 다행인 것은 처음 교회 문을 연 3개월 동안에는 30% 정도에 머물렀던 회복률이 시간이 지나면서 올라가고 있다는 점이다. 담당자들은 한결같이 교회의 회복이 생각처럼 이루어지지 않고 있다고 말했다. 일상으로 돌아가는 길이 멀 거라고 예상은 했었지만, 생각보다 더 멀다는 생각과 함께 팬데믹이 성도들이 신앙생활과 형태를 많이 바꿔 놓았다는 사실을 다시 한번 실감할 수 있었다.

성도들의 신앙 형태가 변화된 데에는 코로나19 상황과 더불어 온라인의 역할도 무시할 수 없다. 우리는 여기서 기술이 모든 것의 대안이 될 수 없고 동시에 모든 것의 장애물일 수도 없음을 배운다. 그렇다면 무엇인가? 기술이 어떻게 사용되고 어떤 역할을 하는지가 중요하다. 교회의 온라인 사역 역시 마찬가지다. 온라인 사역은 오프라인에서 모일 수 없을 때

Re _ Connect
온라인 사역 혁명

그 대안으로서 훌륭한 도구로 선용되었다. 그 과정에서 선교적 가능성 또한 발견할 수 있었다. 그러나 온라인에 익숙해지면서 오프라인 모임과 예배에 대한 새로운 도전 또한 던져 주고 있다. 오늘날 교회는 이 둘 사이의 긴장 가운데 존재한다. 그렇지만 반복해서 주장하듯 오프라인과 온라인은 대립적 사역이 아니라 상보적 사역이 되어야 한다. 뉴노멀 시대가 신앙 형태를 변화시켰다면, 이제는 어떻게 온라인의 성도들을 오프라인으로 모이게 하고 나아가 오프라인에서 온라인을 활용해 성도들의 신앙 형성과 발전에 도움을 줄 수 있을지 고민해야 한다. 그런 측면에서 영적 성장과 제자도 형성을 돕는 도구로서 온라인 플랫폼 사역을 소개하고자 한다.

온라인 플랫폼의 역할

온라인 생태계는 온라인 플랫폼 형성과 함께 시작되었다. 우리에게 익숙한 구글, 애플, 아마존 등은 모두 온라인 플랫폼을 통해 혁신을 이루었고 새로운 시대를 열었다. 불과 얼마 전까지만 해도 세상은 물건을 직접 만들어 팔던 제조업 중심이었다. 그러나 온라인 플랫폼의 등장으로 판도는 완전히 달라졌다. 처음에는 검색엔진 중심이었던 것이 전자상거래로, 이후 SNS와 스마트폰 기반으로 확장되면서 플랫폼 중심의 온라인 혁명이 펼쳐졌다.

온라인 플랫폼 혁명의 대표적인 예가 바로 에어비앤비Airbnb나 우버Uber 같은 기업이다. 사실 이들의 접근은 과거에는 결코 상상할 수 없던 차원이었다. 땅이나 건물, 현장 직원과 관리인도 없이 숙박업을 한다는 것이 과연 가능할 수 있을까? 그런데 에어비앤비는 그것을 현실화시켰다. 현재 그들의 보유한 객실 수는 전 세계 191개국에 600만 개 이상이다. 이는 세계 5대 호텔 체인이 보유한 모든 객실 수보다 많다. 이러한 성공은 땅과 건물 대신 플랫폼을 통해 공급자와 소비자를 연결하는 일을 통해 발생했다. 우버의 경우도 마찬가지다. 그들은 자기 소유의 택시 한 대 없이 전 세계의 개인 자동차를 택시로 만들었다. 바로 플랫폼의 힘이다. 기업은 플랫폼을 통해 공급자와 소비자를 연결하고 사람들이 자기 소유의 물품을 스스로 제공할 수 있도록 트레이닝과 리소스를 제공한다. 기술과 상상력의 결합이 새로운 혁신을 이끌어 내고 있다.

이를 교회에 대입해 보자. 이제까지 교회는 건물이라는 물리적 공간을 중심으로 사역을 진행해 왔다. 그러나 이제는 주일과 건물을 넘어서는 신앙생활이 절실해졌다. 삶의 현장에서 믿음으로 살아 내는 선교적 제자를 만들기 위해서는 일상 속에서 영적 성장과 훈련을 위한 방편이 필요하다. 온라인 사역은 바로 이 일을 위해 활용될 수 있다. 언제 어디서든 연결되고 훈련과 양육이 가능한 채널을 선용할 수 있다면 교회의 사역 또한 혁신과 전환점을 맞이할 수 있다.

문제는 모든 교회가 자체적으로 필요한 온라인 콘텐츠를 만들어 낼 수 없는 현실에 있다. 나아가 세상에서 만들어지는 엄청난 양의 콘텐츠와 비교해 볼 때, 교회 내에서 자체 생산하는 콘텐츠의 수준이 높지 않다는 점

Re _ Connect
온라인 사역 혁명

이다. 당연히 활용도와 효과가 자체 생산을 위해 들어가는 비용과 시간을 고려할 때 현저히 떨어질 수밖에 없다. 이 일을 위해 필요한 것이 바로 온라인 플랫폼이다.

만약 교회가 개교회주의를 넘어서 서로 정보를 공유하고 협업할 수 있는 생태계가 만들어질 수 있다면 어떠할까? 각 교회가 자신의 은사와 자원을 활용해 필요한 콘텐츠를 만들고 나눌 수 있는 장이 제공될 수 있다면 어떠할까? 혹은 온라인 양육과 제자훈련을 위해 교회가 필요한 자원을 마음껏 공급받으며 개교회 상황에 맞게 콘텐츠를 활용할 수 있다면 어떨까? 아마 사역 혁신이 발생할 것이다.

그런 측면에서 라잇나우 미디어를 주목했다. 이들은 자체적으로 엄선된 설교와 강의, 책과 자료들을 제공함으로써 온라인 사역에 대한 지역교회의 고민을 해결해 준다. 비록 생산자와 소비자가 자유롭게 콘텐츠를 만들고 공유하는 생태계는 아니지만, 엄청난 양의 온라인 미디어 콘텐츠를 만들고 제공하는 역할을 통해 지역교회의 효율적인 온라인 사역을 더욱 가능케 한다. 그 내용을 들여다보자.

라잇나우 미디어의 특징[33)]

라잇나우 미디어는 한 마디로 성도들의 영적 성장과 훈련을 돕는 크리스천 온라인 도서관으로 표현할 수 있다. 첫 출발은 라잇나우라는 이름으로 비디오 자료를 만들어 교회 사역을 돕기 위해 설립된 블루피시 티브이 Bluefish TV와의 협업에서 시작되었다. 사역의 우선순위는 젊은 크리스천들을 선교지와 연결해 동력화하는 일에 있었다. 그러던 중 소수의 헌신 된 사람뿐만 아니라 모든 성도가 모든 곳에서every where 매일every day 크리스천의 정체성을 가지고 선교적 삶을 사는 것이 중요하다는 사실을 인식하게 된다. 그러한 비전을 구체화하기 위해 블루피시 티브이의 미디어와 라잇나우의 열정이 만나 라잇나우 미디어라는 비영리 NPO 단체로 재탄생하게 된다. 설립자이며 대표인 브라이언 모슬리Brian Mosley는 그들의 사명 선언문을 다음과 같이 밝힌다.

'우리의 사명은 그 무엇보다 그리스도를 사랑하고 우리보다 다른 사람을 사랑하는 사람들의 영감을 불러일으키기 위해 전 세계 교회와 협력하는 것이다.'

여기서 우리는 라잇나우 미디어의 특성을 발견하게 된다. 그들의 초점은 그리스도와 성도들에게 있고 그것을 이뤄가는 과정은 교회를 통해서라는 사실이다. 즉 거대한 온라인 도서관을 만들어 많은 자료를 제공하고 있지만, 유튜브처럼 생산자와 소비자를 직접 연결해 이윤을 추구하는 방식이 아니다. 이들은 철저하게 개교회의 목회철학과 사역 방향에 맞게 콘텐츠를 선별하고 배열하여 교회가 추구하는 열매를 맺을 수 있도록 돕는다. 그들은 자신의 존재 이유를 '교회를 섬기기 위해'라고 밝힌다. 지역교회들이 여기에서 제공되는 온라인 리소스를 활용해 성도들의 영적 성장을 돕고, 예수님께서 부여하셨던 모든 민족을 제자 삼는 사역으로 나아갈 수 있도록 하는 일이 이들의 사명이다.

라잇나우 미디어 홈페이지

텍사스 빌리지 처치The Village Church의 매트 챈들러Matt Chandler는 이들이 제공하는 방대한 양의 영상 자료를 보고 기독교계의 넷플릭스와 같다고 소개하기도 했다. 그들은 2만 개 이상의 영상 콘텐츠를 제공하고 있는데, 거기에는 수천 개의 설교를 포함해 다양한 소그룹 콘텐츠와 리더십 리소스, 그리고 일상에서 크리스천의 삶을 형성하는 방대한 자료들이 포함되어 있다. 성인 중심의 콘텐츠뿐 아니라 자녀들을 위한 최고 수준의 비디오 영화와 영상까지 포함되어 있어 교회와 성도, 성도와 성도, 부모와 자녀를 연결하고 나눌 수 있는 다양한 채널을 제공해 준다.

그 영향력과 활용도 또한 대단하다. 현재 전 세계 2만여 개가 넘는 교회, 학교, 기관 등이 라잇나우 미디어의 유료 회원으로 가입되어 있는데, 회원 단체의 멤버들에게는 사용 권한이 무료로 제공되기 때문에 이용자 수는 수백만 명이 넘는다. 이렇게 많은 교회와 기관들이 유료 회원으로 참여하는 이유는 분명하다. 바로 교회와 기관에 유익하기 때문이다. 무엇보다 콘텐츠의 양을 넘어 질이 탁월하다. 영상 또한 방송국에서 만드는 수준 이상이다.

라잇나우 미디어 콘텐츠

그러나 라잇나우 미디어가 다른 여타 플랫폼과 구별되는 특징 중 하나는 모든 것이 성경에 집중되어 있다는 사실이다. 그림에서 보듯 모든 비디오 콘텐츠가 성경 자체와 성경에 기반한 혹은 관련된 창작물이다. 여기서 제공되는 성경 콘텐츠들은 각 분야에서 탁월성을 입증한 전문가들에 의해 만들어진다. 그러나 단지 유명하고 큰 목회를 하고 있기에 강사로 세워지지는 않는다. 라잇나우 미디어의 강사 선정은 매우 까다롭고 신중하기로 유명하다. 모두가 인식하고 있듯 지금은 미디어 콘텐츠가 범람하고 있는 시대다. 수많은 공중파와 온라인 채널을 통해 셀 수 없이 많은 콘텐츠가 생산된다. 그러다 보니 성도들이 어떤 콘텐츠를 보고 영향을 받는지 파악하는 것 자체가 불가능하다. 그렇기에 강사와 콘텐츠 선별이 중요하다. 라잇나우 미디어는 강사 선별을 위해 매우 선명한 기준과 프로세스가 있다. 크게는 다음 두 가지 사항에 부합해야 한다.

① 콘텐츠가 기독교 신앙의 핵심 본질을 다루어야 한다. 삼위일체 하나님과 성경의 권위, 그리스도를 통한 은총의 구원을 믿고 인정하고 강화하는 순수한 복음이 중심이어야 한다. 이를 위해 그들은 홈페이지에 복음에 기초한 신조를 명시해 놓았다.

② 라잇나우 미디어의 사역 방향, 즉 신앙의 흐름이 주일 중심에서 일상으로 이어질 수 있는 내용이어야 한다. 성도들이 일상에서 그리스도인의 삶을 살아갈 수 있도록 이끄는 목회자와 교회를 돕는 사역 취지에 맞아야 한다. 따라서 사회 정치적 이견과 갈등의 소지가 있는 이슈는 배제한다. 모든 교회가 건강한 공동체를 설립하고 성도들의 신앙 성장을 도울 수 있는 일에만 집중하게 하는 의도성을 보인다. 이러한 기반에서 이들은 강사와 콘텐츠 선정에 엄격한 과정을 거친다. 한 사람을 세우기 위해 사역 철학에 따라 필터링을 거치고 팀원들이 3개월 정도 기도와 대화를 통해 최종 결정을 한다. 강사진을 선별하고 콘텐츠를 만드는 과정만 보아도 교회의 상황을 얼마나 고려하는지를 알 수 있다.

콘텐츠 구성과 활용

그렇다면 라잇나우 미디어 구성의 특징은 무엇일까? 어떻게 지역교회가 이런 미디어 콘텐츠를 활용해 온라인 사역을 할 수 있을까?

우선, 모든 콘텐츠는 다음과 같은 세 개의 틀 안에서 구성된다. 첫 번째는 라잇나우 미디어로서 성도들의 신앙 성장과 훈련을 돕는 성경적 비디오 자료들이다. 본 카테고리 안에는 설교 자료뿐만 아니라 성경 공부와 소그룹 모임을 할 수 있는 광범위한 주제들이 포함되어 있고 나아가 신학과 영적 성장을 위한 수천 개의 콘텐츠가 제공된다.

두 번째는 크리스천 리더십 개발과 개인적 돌봄을 위한 〈RightNow Media@work〉이다. 여기서 주목할 만한 사항은 콘텐츠가 단지 사역의 전문성과 효율성 증진에만 머물지 않고 스텝들의 삶 전반과 관련된 모든 주제를 다루고 있다는 점이다. 팀워크, 팀 빌딩, 전문성 개발, 리더십, 조직문화, 재정, 결혼생활, 부모의 역할, 정신 건강 등 광범위한 내용이 시리즈로 제작되어 온디멘드On-Demand 형식으로 제공된다.

세 번째는 라잇나우 미디어 이벤트로서 여기서는 다양한 콘퍼런스와 이벤트를 기획하여 제공한다. 종류도 다양해서 라잇나우 콘퍼런스, 예배 콘퍼런스, 여성 콘퍼런스, 남성 콘퍼런스, 결혼 콘퍼런스, 부모 콘퍼런스 등을 오프라인으로 모여 진행하고 이를 라이브 스트리밍 방송을 하고 추후 개별 콘텐츠로 만들어 제공한다.

처음 웹 사이트 내의 자료를 접하면서 갖게 되는 놀라움과 의문점이 있었다. 무엇보다 성경 비디오 도서관이라 할 수 있을 정도로 많은 데이터와 마치 영화를 보는 듯한 높은 수준으로 만들어 놓은 영상 콘텐츠에 놀랐다. 그러나 다른 한편으로는 다양한 영상 콘텐츠를 이미 보유하고 있는 여타 기독교 방송국과는 어떻게 다른가 하는 의문점이었다.

정리해 보면, 우선 라잇나우 미디어의 콘텐츠는 트렌드나 재미를 쫓지 않는다. 신앙 성장과 성숙, 일상에서의 선교적 삶을 살 수 있도록 돕는 성경적 콘텐츠에만 충실히 한다. 동시에 방만한 콘텐츠 소비로 이어지지 않도록 멤버십을 가진 교회의 성도들만 이용할 수 있도록 한다. 라잇나우 미디어는 이윤을 추구하는 회사가 아니다. 그들은 후원을 통해 사역을 진행하는 선교 단체의 성격이 강하기 때문에 자신의 사역적 정체성을 분명히 한다. 마지막으로는 멤버십을 가진 교회는 각자 교회의 필요와 방향에 따라 콘텐츠를 커스터마이즈customized 할 수 있다. 이것이 라잇나우 미디어의 가장 탁월하면서도 다른 곳과 구별되는 부분이다. 다음은 한 단체가 자신의 사역 방향에 따라 라잇나우 미디어 홈페이지를 구성한 예이다.

개인적 돌봄	돈과 재정 l 결혼 l 부모 교육 l 회복 l 정신 건강 l 어린이 l 청소년
리더십	리더 l 팀워크 & 갈등 l 인격 & 됨됨이 l 일과 일상의 균형 l 섬김의 리더십 l 리더십 개발 l 가치 & 문화
예배로서의 일	일의 신학 l 비즈니스의 주인으로서 하나님 l 일상의 제자도 l 계승 계획

비디오 콘텐츠 구성을 한 후 교회는 이 가운데서 필요한 내용을 선별해 제자훈련이나 소그룹 훈련 혹은 양육을 위해 사용할 수 있다. 비디오 플랫폼을 활용해 온라인 사역을 할 때 이 부분이 가장 유용하고 중요하게 사용될 수 있을 것이라 여겨진다. 사실, 교회에서 리더 훈련을 하거나 이벤트를 할 때는 주변에 유명하고 믿을 만한 강사를 섭외하기 마련이다. 그러나 매주 외부 강사를 통해 훈련하는 것은 불가능하다. 그러나 최고의 강사들로 구성된 시리즈 콘텐츠를 활용해 교육 자료로 쓴다면 교회는 큰 비용 없이 원하는 훈련과 양육을 지속할 수 있다.

예를 들어 자녀교육을 위한 부모 교육을 한다고 가정해 보자. 교회는 가장 적합한 주제와 강사가 만든 비디오 시리즈를 선택한다. 성도들은 각자 편리한 시간에 비디오를 시청하고 줌과 같은 온라인 채널을 활용해 모임을 갖는다. 목회자나 전문성을 가진 평신도 리더가 모임을 이끌면서 더 심화된 내용의 토론과 강의를 이어 갈 수 있다.

라잇나우 미디어 코리아RightNow Media의 내셔널 디렉터를 맡은 리키 김Ricky Kim은 인터뷰에서 이렇게 설명했다. "만약 자녀가 어떤 문제를 가지고 부모에게 질문한다면 과연 부모로서 우리는 유명한 유튜브 비디오 하나 혹은 책 한 권을 소개하고 말 것인가? 책임감 있는 부모라면 함께 영상을 보고 자녀와 깊은 이야기를 나누지 않겠는가? 만약 좋은 영상 콘텐츠를 함께 보고 토론하며 성경적 길을 찾아갈 수 있다면 우리의 교육은 훨씬 더 좋은 열매를 맺게 될 것이다."

소그룹 모임도 마찬가지다. 새들백 처치의 경우 온라인 소그룹 모임을 위해 교회는 매주 릭 워렌 목사의 20~30분짜리 짧은 비디오 클립을 제공한다. 온라인상에서 함께 비디오를 보거나 혹은 미리 각자 시청한 후 그에 관한 질문과 토론을 하는 형식으로 소그룹 모임이 진행된다.

많은 교회가 소그룹 사역에 대한 어려움을 호소한다. 그것은 매주 혹은 격주로 모임을 할 때 성도들 간의 교제 이상의 성장이 이루어지지 않기 때문이다. 그러다 보니 소그룹 모임에 대한 헌신도가 약해질 수밖에 없다. 그렇지만 코로나19가 가르쳐 준 중요한 교훈은 무엇인가? 이 시기를 건강하게 이겨 낼 수 있는 교회는 다름 아닌 소그룹이 강한 교회라는 사실이었다. 평소 건강한 소그룹 사역이 이루어졌던 교회들은 이 시기를 흔들림 없이 통과할 수 있었을 뿐만 아니라 모이는 교회에서 흩어지는 교회로의 유연한 변화를 이뤄낼 수 있었다. 반대로 소그룹을 형식적으로 해 왔던 교회들은 그렇지 못했다. 코로나19 상황이 종료되어도 이러한 흐름은 지속될 것이다.

그렇다면 어떻게 소그룹을 더욱 의미 있고 가치 있게 만들 수 있을까? 먼저는 소그룹 모임의 유연성을 확보할 필요가 있다. 오프라인과 온라인 소그룹 모임을 적절하게 조합하여 사역이 연계성을 가질 수 있게 한다. 이를 통해 물리적 모임에 대한 부담을 줄이는 것이 필요하다.

그다음은 내용의 성격이다. 모임 가운데 의미 있는 훈련과 성장이 이루어질 수 있다면 더 강한 동기가 부여될 것이다. 전략적인 커리큘럼과 자료

Re _ Connect
온라인 사역 혁명

가 필요하다. 라잇나우 미디어는 바로 그런 측면에서의 다양한 양육과 훈련을 가능케 해 준다. 전 영역에 걸친 비디오 자료와 더불어 소그룹 나눔을 위한 리더 가이드와 질문지가 함께 제공되기 때문에 모든 멤버가 참여하여 제자도를 형성할 수 있는 도구가 될 수 있다.

첫째, 교회는 수많은 미디어에 노출된 성도들에게 건강한 플랫폼과 콘텐츠를 안내해 줄 수 있어야 한다. 그러기 위해서는 교회의 비전과 가치가 먼저 정립되어야 한다. 교회가 지향하는 그리스도인의 상은 무엇이고 어떻게 그들을 이끌어 갈 것인지가 명확할 때 방향 제시가 가능하며 성도들도 동참하게 될 것이다.

둘째, 온라인 사역을 통해 개인의 성장과 성숙, 깊은 제자훈련이 가능할 수 있도록 활용 방안을 확장해야 한다. 온라인은 시간과 공간의 한계를 넘어 일대일 훈련과 양육, 소그룹 모임 등을 가능케 한다. 이때 온라인 플랫폼을 통해 제공되는 콘텐츠가 유용하게 사용될 수 있다. 교회는 이러한 자료를 전략적으로 활용하되 의도한 목적에 맞게 사용될 수 있도록 구체적인 방법과 내용을 함께 제시해 줘야 한다.

셋째, 같은 맥락에서 교회는 더 깊은 차원에서 성도들의 참여를 유도하고 이끌어야 한다. 비디오 시청만을 통해서는 의도한 열매를 얻기가 어렵다. 스터디 가이드나 토론 질문을 미리 만들어 주고 리더들을 먼저 훈련하는 것이 중요하다. 교회가 같은 방향으로 나아갈 수 있도록 세밀한 준비가 필요하다.

넷째, 기독교 콘텐츠를 만들고 축적하고 나눌 수 있는 한국형 플랫폼 개발이 요구된다. 만약 교회들이 정성스럽게 만든 콘텐츠를 모아 공유하고 사용할 수 있는 플랫폼이 형성될 수 있다면 작고 미약한 교회들뿐만 아니라 전 세계 디아스포라 한인 교회 공동체에 큰 유익이 될 것이 분명하다. 처음부터 다른 교회와 공유할 수 있도록 콘텐츠를 만들고 나눌 수 있다면 교회는 더욱 풍성하고 아름다운 공동체로 변화될 것이다.

다섯째, 기술은 하나님 나라의 영광을 위해 사용될 때 가치가 있음을 기억해야 한다. 온라인 사역은 오프라인을 대체하기 위한 방편이 아니다. 온라인과 오프라인이 연결된 새로운 사역 시스템이 만들어져야 한다. 미디어 플랫폼의 가치는 여기서 결정된다. 단순히 많은 콘텐츠가 아니라 진정으로 교회에 도움이 될 수 있는 플랫폼인지가 중요하다. 또한 아무리 좋은 콘텐츠를 제공하는 플랫폼이 형성되었다 할지라도 교회가 사용할 의지가 없거나 방법을 모른다면 이 역시 무용지물이 될 수밖에 없다. 교회는 끊임없이 시대를 이해하고 새로운 기술을 익히며 하나님의 선교를 위해 어떻게 활용할지를 배워야 한다.
플랫폼이 제 역할을 하기 위해서는 온라인 사역 전략이 더욱 명확해지고 어떻게 활용할 것인지에 대한 방편이 정해질 때 가능하다. 부디 라잇나우 미디어와 같은 좋은 플랫폼들이 선용되어, 한국 교회의 온라인 사역이 더 깊이 있고 효과적으로 이뤄질 수 있기를 기대해 본다.

온라인 사역의
원리와 적용

지금까지 온라인 사역의 흐름과 특성을 이해하기 위해 미국 교회의 다양한 사례들을 살펴보았다. 이들의 특징은 코로나19 이전부터 온라인 사역을 시작했다는 공통점이 있었고 이는 곧 온라인 사역에 대한 분명한 비전과 목적이 있었음을 의미한다. 시대와 문화를 읽고 미래를 준비하는 교회, 동시에 다가오는 도전을 선교적 안목으로 해석하고 대응하는 교회만이 새로운 시대를 이끌어 갈 수 있음을 배웠다.

한국에도 그런 교회들이 있다. 특별히 최근 『올라인 교회All Line Church』라는 책을 통해 온라인 사역에 대한 교회의 경험과 노하우를 나누고 있는 만나교회가 그 대표적인 예라 할 수 있다. 얼마 전 만나교회를 방문해 온라인 사역이 어떻게 진행되고 있는지를 좀 더 자세히 볼 수 있었는데, 북미의 어떤 교회보다 더 조직적이고 전방위적으로 이루어지고 있었다. 코로나19 이후 만나교회는 온라인 사역을 위해 교회 건물 한 층 전부를 개조해 여러 개의 스튜디오를 만들었다. 교회가 얼마나 본격적으로 이 사역에 매진하고 있는지를 알 수 있는 대목이었다. 그러나 정말 인상적인 것은 하드웨어가 아니었다. 그 사역의 폭과 범위가 굉장했다. 예배와 설교를 넘어 양육, 교육, 선교 등 전 영역에서 대상 또한 교회학교로부터 시작하여 각 부서와 교구, 이웃을 향해 실행되고 있었다. 그리고 그 결과는 놀랍게 다가왔다. 코로나19가 무색할 정도로 교회는 역동적으로 움직였고 그에 따른 열매 또한 크게 맺혔다.

누군가는 대형 교회이기 때문에 가능한 사역이라고 말할 수 있을 것이다. 재정과 인력이 부족한 작은 교회에 이러한 접근은 꿈같은 이야기일 수도 있기 때문이다. 물론 규모와 방식에 대해서는 그렇게 생각할 수 있다. 그러나 온라인 사역은 교회가 작기 때문에 불가능한 것이 아니다. 작은 교회들 가운데에도 변화에 반응하며 교회 됨의 본질을 붙잡고 도전을 감행하는 교회들이 있음을 잊어서는 안 된다. 변변한 스튜디오 하나 없이 책상을 방송국 삼아 최소한의 도구로 예배를 송출하고 콘텐츠를 제작하며, 온라인 미디어와 채널을 통해 성도들을 돌보고 양육하고 훈련하는 교회도 많다. 팬데믹 기간에 사역의 새로운 장이 열렸다고 고백하는 작은 교회 목회자들을 여럿 만났기에 확실히 말할 수 있다. 그전까지 대부분 교회는 큰 교회가 만들어 놓은 일종의 성공 방식을 답습하기에 급급했다. 그렇게 모범 답안 같은 사역을 따라가다 보니 사역은 획일화되었고 작은 교회들은 상대적 박탈감을 느꼈다. 그러나 온라인 사역은 기존의 형식과 패턴을 거부한다. 때에 따라서는 더 개인적이고 상황화된 관계 형성이 가능하다. 이전에는 시간과 거리 때문에 모임과 훈련이 어려웠던 성도들이 훈련을 받고, 어린 자녀로 인해 새벽 예배에 참여할 수 없었던 주부들이 예배에 참여할 수 있게 된 것도 온라인이라는 방식이 있기에 가능해졌다. 규모를 떠나 개인적이며 깊은 양육이 가능하고 신앙 성장의 여정을 도울 수 있는 다양한 도구가 온라인에는 존재한다.

그런 측면에서 보면 온라인은 양면의 칼과 같다. 어떤 이들은 온라인 사역 때문에 기존 사역이 약화할 것을 염려하지만, 다른 이들은 온라인을 통해 선교의 새로운 영역이 열렸다고 본다. 물론 이 두 가지는 엄연히 존재한다. 그러나 코로나19로 인해 이미 바뀌어버린 세상을 돌이키는 것은 불가능하다. 그사이 성도들의 신앙 의식과 형태 또한 엄청난 변화를 겪었다. 이제 교회는 선택해야 한다. 과거로 돌아갈 것인가, 아니면 새로운 시대에 맞게 변화할 것인가.

우리보다 앞서 온라인 사역을 고민하고 시도해 왔던 북미 교회의 사역 케이스를 통해 그들은 왜 아무도 가지 않은 온라인 사역의 길을 가게 되었고 그로부터 무엇을 배웠는지를 알게 되었다. 이제까지의 내용을 기초로 온라인 사역의 방법과 원리를 정리해 보고자 한다.

시대적 안목과 선교적 교회론

케이스 스터디를 통해 살펴본 온라인 교회들은 한결같이 팬데믹 이전에 이미 온라인 사역을 시작했다는 공통점이 있다. 이들 교회가 남들보다 먼저 온라인 사역을 시작할 수 있었던 근거는 바로 '시대의 변화를 읽는 안목과 비전' 때문이었다. '우리는 왜 존재하는가?'라는 본질적 질문 앞에 교회는 서 있어야 한다. 그리고 그 질문이 교회를 형성하고 이끌어 갈 수 있도록 해야 한다. 교회의 본질은 무엇인가? 그것은 바로 하나님의 나라를 위해 보냄을 받은 자로서 그분의 선교에 참여하는 것과 연관된다. 레슬리 뉴비긴Lesslie Newbigin은 "교회가 선교적 정체성을 잃어버리면 교회의 이차적 본질뿐 아니라 일차적 본질까지 상실하게 된다"[34]라고 말했다. 세상을 구원하고자 하시는 하나님의 선교에 참여하기 위해 보냄을 받았다는 사실은 교회의 존재 이유와 비전을 명확하게 만든다. 그리고 이것이 사역의 방법론을 결정한다. 왜냐하면, 깨어있는 교회는 복음을 전하기 위해 변화하는 세상을 지속해서 살피고 해석해 그에 맞는 새롭고 창의적인 방법을 찾아가기 때문이다.

또한 케이스 스터디에서 살펴본 온라인 교회들은 모두 복음 중심의 사역 철학을 가지고 있었다. 새들백 처치의 경우 40년 전 개척했을 때부터 가졌던 비전을 그대로 간직하고 있었다. 예수님을 알지 못하는 사람들에게 복음을 전하고 그들이 영적 제자로 성장하며 성숙할 수 있도록 돕는 일에 여전히 최종 목적을 두고 있다. 라이프 처치 역시 복음 전도에 목숨을 건 교회다. 그들의 사명은 사람들을 그리스도께 완전히 헌신적인 제자가 되도록 이끄는 일이다. 그것이 차이를 만드는 방법이며 교회 사역을 이끌어 가는 원동력이라고 밝힌다. 엘리베이션 처치 또한 유사하다. 그들은 하나님께서 사람들을 통해서 하시는 일을 보길 바라며 이 일을 위해 하나님으로부터 멀어진 사람들이 그리스도 안에서 살도록 하기 위해 존재한다.

핵심은 이러한 비전이 단순히 구호로만 그치지 않는다는 데 있다. 비전은 살아 움직여야 한다. 그렇게 살아 움직이는 비전이 온라인을 선교적으로 인식하게 했다. 그것이 두 번째 원리다.

혁신적 사고와 실천

온라인 공간을 선교지로 인식하고 온라인을 사역의 도구로 삼는다는 것은 일종의 혁신적 발상이었다. 그러나 교회가 선교적 공동체라 한다면 이러한 사고는 당연한 결과일 수밖에 없다. 선교는 하나님을 알지 못하는 사람들이 머무는 곳에 찾아가 복음을 전하는 것으로부터 시작된다. 당연히 이 시대의 가장 큰 선교지는 온라인 공간이다. 그러한 사고로 가득 차 있던 라이프 처치는 시대에 맞는 사역을 하기 위해 교회 이름부터 바꾼 것이다. 설립 당시 가졌던 '라이프 커버넌트 처치'라는 이름 대신 '라이프 처치

티브이'로 바꾸고 이를 다시 '라이프 처치'로 바꾼 일화는 교회가 얼마나 혁신을 추구하고 있는지를 드러내는 예라 할 수 있다. 물론 교회 이름이 모든 것을 대변하지는 않는다. 그러나 주목할 만한 점은 이 모든 일이 선제적으로 이루어졌다는 사실이다. 복음을 가장 효과적으로 전파하기 위해 그들은 전통적인 교회에서 멀티 사이트 교회로, 다시 온라인에 기반을 둔 교회로 사역의 성격을 변화시켰다. 선교가 사역을 이끌고 있다.

과감하게 교회 사역을 앱 기반으로 옮긴 처치홈의 경우도 마찬가지다. 이들은 주 사역 대상인 젊은이들에게 복음을 전하기 위해 그들이 가장 많이 사용하는 스마트폰을 플랫폼으로 삼았다. 교회를 물리적 공간에서 '손바닥 위'로 옮겨 놓는 모험을 감행한 것이다. 아무도 상상하지 못했을 때 그들은 과감하게 변화를 추구했다.

교회의 혁신은 선교적 사고와 상상력으로부터 나온다. 만약 우리 교회가 사역의 돌파구를 찾지 못하고 같은 자리만 맴돌고 있다면, 그것은 우리 사고가 담장 밖 세상을 보지 못하기 때문이다. 복음을 전해야 할 대상을 찾지 못했거나 혹 그들에게 관심이 없기 때문이다. 그런 측면에서 혁신은 교회 공동체의 선교 의식과 이를 실현하고자 하는 의지에서부터 발생한다. 무엇이 갖춰졌기 때문이 아니라 한정된 자원과 인력으로 틀을 깨고 담을 넘기 위해 새로운 사고와 도전을 해야 한다.

온라인 사역, 무엇을 할 것인가

온라인 사역을 온전히 하기 위해서는 목적과 방향이 먼저 정립되어야한다. 코로나19의 영향으로 많은 교회가 온라인 사역에 참여하고 있으면서도 여전히 갈 바를 알지 못하는 이유는 무엇 때문일까? 온라인을 임시수단으로만 여기고 있기 때문이다. 온라인을 효과적인 복음 전파의 수단으로 이해하고 접근하자. 하나님께서 이 시대에 주신 새로운 방법으로 이해하면 사역의 내용이 달라진다.

그렇다면 우리는 온라인 사역의 무엇을 해야 할까? 새들백 처치의 예처럼, 온라인과 오프라인을 병행 혹은 연결하는 방안을 찾아야 한다. 새들백처치는 오프라인에서 이루어지고 있는 모든 사역을 온라인에서도 실현될수 있도록 연결했다. 단지 예배뿐만 아니라 교육, 훈련, 양육, 소그룹, 봉사, 선교 등 모든 사역이 온라인에서도 가능하다는 걸 보여 주었다. 거기에는 '온라인에서도 예수 그리스도를 만날 수 있고 성도 간의 인격적 교제와 성장이 가능하다'는 믿음이 깔려있다. 우리에게 이 믿음이 있다면 온라인은 선교지일 뿐만 아니라 새로운 차원의 목회 공간이 된다. 온라인 사역을 통해 감당해야 할 다음의 세 가지 항목을 적용해 보길 바란다.

온라인 아웃리치outreach

언제부터인가 우리는 복음 전파가 어렵다는 이야기를 자주 하기 시작했다. 사회 문화적 상황 또한 직접적인 복음 전파를 거부하는 양상으로 흘러가고 있다. 대학교 캠퍼스 사역은 벽에 부딪혔고 복음 전도를 통해 성장하는 교회를 찾아보기가 어렵다. 그런 면에서 온라인은 복음 전파를 위한 새로운 가능성이며 이 시대를 위한 가장 효과적인 도구다. 코로나19가 발생했을 때 사람들이 가장 많이 찾았던 단어 중 하나가 '기도'였다. 구글에 따르면 미국에서는 지난해 3월 한 달 동안 '기도'라는 단어를 검색한 수가 이전 달에 비해 50% 이상 증가했는데, 이는 미국뿐만 아니라 세계 95개 국가에서 나타난 글로벌 현상이었다.[35]

이와 맞물려 미국의 경우 '빌리그래함복음 전도협회Billy Graham Evangelistic Association'나 '글로벌미디어아웃리치Global media outreach', '씨알유Cru'의 홈페이지에는 엄청난 인파가 몰려들었고 거기서 제시되는 복음의 메시지를 통해 구원을 받았다. 그중 "나는 종교적인 사람은 아니지만, 하나님 외에는 누구를 의지해야 할지 모르겠다"라고 고백하며, 그리스도를 따르는 사람도 있었다.

사회적 위기가 오면 사람들은 두려움을 느끼고 피난처를 원한다. 개인적 삶도 마찬가지다. 어려움과 고난이 올 때 의지할 무언가를 찾는다. 그런 측면에서 처치홈의 사역은 온라인 디지털 복음 전도에 중요한 모델이 된다. 온라인 앱을 통해 주 7일 영적 생활에 도움이 되는 콘텐츠가 제공되고, 누구나 쉽게 기도에 참여하고 중보를 요청할 수 있다. 젊은이들을 위한 온라인상의 영적 피난처 혹은 공동체로서 사람들이 서로를 위해 기도

하고 위로할 수 있으며 연결될 수 있는 생태계를 조성했다.

엘리베이션 처치는 복음 전파를 위해 소셜 미디어를 적극적으로 활용하는 예다. 소셜 미디어는 사실상 복음 전파를 가로막는 모든 물리적 장벽을 넘어설 수 있다는 장점이 있다. 그들은 복음의 메시지를 감각적인 영상과 이미지에 담아 SNS를 통해 노출한다. 수백만 명의 젊은이가 열광하고 팔로워가 됐다. 그들의 언어와 표현으로 다가갔을 때 복음을 친근하게 여기고 받아들이는 영적 부흥이 일어났다.

최근 한국의 종교 현황에 대한 갤럽 조사 연구에 대해 교회는 심각하게 생각해야 한다. 젊은이들 사이에서 비 종교인들이 급격히 늘어가는 가운데 개신교에 대한 호감도는 6%까지 추락했다.[36] 기존 방식으로 복음을 전하기가 점점 더 어려워졌다. 교회는 자기 갱신과 더불어 복음을 전하기 위해 더 새롭고 신선한 방법으로 접근해야 한다. 세상을 향한 선한 일들을 드러내되 감각적이고 문화적으로 접근할 수 있어야 한다. 놀라운 사실은 교회 내에 이런 감각과 실력을 갖춘 인재들이 이미 존재한다는 점이다. 그들은 어디선가 홀로 콘텐츠를 만들고 소셜 미디어를 통해 일상을 공개하고 알리는 데 익숙한 사람들이다. 그들에게 기회가 필요하다. 온라인을 통해 교회를 홍보하고 복음을 전하는 일에 더 많은 사람이 관심을 두도록 해야 한다. 보다 신선하고 재미있고 진실한 방식으로 복음을 전할 수 있도록 온라인을 더욱 전략적으로 활용할 수 있어야 한다.

Re _ Connect
온라인 사역 혁명

온라인 양육과 훈련

두 번째 영역은 양육과 훈련이다. 이전까지 양육과 훈련은 학교 교육과 같은 방식으로 이루어져 왔다. 많은 사람이 교실에 모여 강사의 강의를 듣고 과정을 이수하는 형태가 주를 이루었다. 온라인 교육은 개인적 양육과 훈련을 위해 더없이 좋은 도구다. 주일이나 특정 요일을 중심으로 이루어졌던 모임도 성도의 상황과 사정에 따른 맞춤형으로 진행할 수 있게 되었다. 언제 어디서나 연결될 수 있고, 규모 또한 개인적 차원에서 소그룹 형태에 이르기까지 다양하게 이루어질 수 있다.

실제로 필자가 사역하고 있는 교회에서도 팬데믹 기간에 온라인은 훈련과 양육의 핵심이었다. 매주 토요일 새벽 예배를 마치면 교회의 모든 리더가 줌에서 모였다. 함께 교제를 나누고 소그룹으로 흩어져 미리 주어진 교재를 중심으로 모임을 진행했다. 흥미롭게도 교회에서는 한 번도 만나지 못했던 성도들이 매주 다른 그룹에 배정되어 서로를 알게 되고 기도와 영적 교제를 나누는 일이 발생했다. 비록 실제 현장에서만 느낄 수 있는 관계에 대한 그리움은 있었지만, 온라인은 오프라인에서는 실행하기 어려운 다양한 양육과 훈련 방식을 제공한다는 점에서 또 다른 매력이 있다. 일대일 도제 교육에서부터 시작해서 실시간 강의나 세미나 형태의 교육, 혹은 이미 만들어진 온라인 콘텐츠를 활용하는 방식도 사용할 수 있다. 무엇보다 강사를 초빙하지 않아도 이미 만들어진 콘텐츠를 활용해 교육할 수 있는 장점도 있다. 라잇나우 미디어에서 살펴본 바와 같이, 모든 영역에 걸친 세계적인 강사들의 콘텐츠가 수많은 주제로 만들어져 있고 교회는 그것을 활용해 성경 공부나 양육 훈련을 할 수 있다.

온라인은 교사와 학습자 관계의 교육도 가능하지만 자기 주도형 학습도 가능케 한다. 새들백 처치나 라이프 처치처럼 이미 축적해 놓은 미디어 자료를 주제별로 분류해 개인의 관심사에 맞게 활용할 수도 있고 다양한 외부 소스를 활용할 수도 있다. 다만 성도들이 건강하게 자랄 수 있도록 교회는 자료를 검증하고 방향을 제시해 주어야 한다.

형태와 방식은 달라도 온라인을 통해 양육과 훈련을 하기 원한다면 장기적인 계획을 세우고 이를 뒷받침할 수 있는 구체적인 커리큘럼을 제공해야 한다. 모든 교회는 교회의 소명과 사명을 이루기 위한 성도의 상이 있다. 이를 위해 온라인 커리큘럼을 만들고 각자 상황에 맞는 훈련을 진행하면 좋겠다. 지속적인 멘토링과 훈련을 통해 그리스도의 참된 제자가 되고 나아가 다른 사람을 세우고 양육하는 또 다른 리더를 양성하는 교회 문화를 형성할 수 있기를 바란다.

온라인 공동체 형성

온라인 교회를 연구하면서 가장 핵심으로 발견한 사항이 바로 온라인 공동체이다. 온라인은 특성상 쉽게 접근할 수 있지만, 깊이 소속되기가 어렵다는 단점도 있다. 자기 관심과 만족도에 따라 움직이기 때문에 클릭 수가 곧 성도 수를 의미하지도 않는다. 참된 그리스도의 제자로 성장하기 위해서는 공동체가 필요하다. 인간 내면의 가장 깊은 곳에는 누구나 소속에 대한 갈망이 있다. 동시에 소속은 성도로 하여금 책임감 있는 행동과 성장을 하게 하는 원동력이 된다. 건강한 소그룹 사역을 통해 성장하고 있는 교회들을 보면 그 안에서 교회의 모든 역동성이 발생하는 것을 알 수 있다. 예배와 섬김, 교제와 양육이 서로의 관계를 통해 형성된다. 온라인상에서도 그런 공동체가 만들어질 수 있음을 기억해야 한다.

그렇다면 온라인상에서 소속감을 어떻게 불어넣을 수 있을까? 케빈 리는『온라인 사역을 부탁해』라는 최근 저서에서 "소속감은 교회에 갖게 하기보다 서로에게 갖게 하는 것이 중요하다"[37]라고 밝혔다. 온라인 소그룹의 목적 혹은 공동체의 문화가 왜 중요한지를 보여 주는 대목이다. 신앙 공동체는 말씀과 기도를 통해 영적 만남과 성장이 이루어진다는 점에서 일반 커뮤니티와 다르다. 당연히 이곳에 참여하는 사람들의 기대와 마음 자세도 다르다. 따라서 교회의 온라인 공동체는 처음부터 신앙 중심의 정체성을 가지고 말씀과 기도, 영적 성장에 대한 주제로 묶여야 한다. 그 속에서 서로를 격려하고 기도하고 세워 주는 문화가 형성되어야 한다.

페이스북 커뮤니티 기능을 활용해 온라인 교회 공동체를 형성하고 있는 퍼슈트 처치 라이브는 온라인상에서 영적 쉼과 목마름을 가진 사람들을 대상으로 사역을 한다. 불특정 다수이지만 영적 필요를 가진 사람들을 위해 묵상을 위한 성경 구절이나 아티클, 사진, 이미지, 간증, 말씀 나눔 등을 포스팅하고 이에 관심을 기울이고 팔로잉을 하는 사람들을 페이스북 그룹으로 인도한다. 놀랍게도 그곳에는 45개 나라 43개 언어를 사용하는 사람들이 모였다. 나라도 언어도 다르지만, 온라인은 그들을 연결했다. 관심사에 따라 혹은 목적과 주제별로 페이스북 소그룹을 형성해 그곳에서 영적 성장을 이룰 수 있도록 분위기를 조성한다. 순수한 성경 공부 모임에서부터 자녀 양육, 이혼 부부, 중독자 회복 모임 등 여러 모임이 가능한 곳이 바로 온라인 공동체이다.

프레쉬 익스프레션스 운동도 팬데믹 기간에 온라인 소그룹을 적극적으로 활용했다. 이들은 현대인들의 문화적 코드에 맞게 제3의 장소를 신앙 공동체로 발전시키는 사역을 하고 있는데 온라인을 제3의 장소로 보며 그곳에 다양한 공동체를 형성했다.

이렇듯 미국에서는 많은 교회가 페이스북이나 앱, 홈페이지를 활용해 온라인 공동체를 운영한다. 말씀을 통해 은혜를 받고 떠나는 것이 아니라, 온라인 공동체로 연결되어 성장할 수 있도록 사역을 연계시키고 있다. 물론 이 공동체가 온라인에서만 머물 필요는 없다. 온라인과 오프라인이 상호 연결될 수 있으면 더욱 바람직하다.

온라인에서 믿음을 갖게 된 성도들 혹은 관심을 보인 사람들이 온라인 공동체로 모이고 이들이 다시 지역별로 소그룹이나 교회로 그 모임이 발전하는 모습을 그릴 수 있다. 이를 위해 교회는 온라인 성도들이 지역과 관심사, 연령, 성별, 사역별로 소그룹을 선택하고 참여할 수 있는 시스템을 구축해 놓으면 좋다. 온라인에 있는 성도들이 자발적으로 선택할 수 있는 옵션을 제공한다면 온라인 공동체는 훨씬 더 유기적이고 활동적으로 움직일 수 있다.

온라인 사역, 어떻게 할 것인가

온라인은 교회 비전을 이루는 도구가 되어야 한다. 그런 관점에서 온라인 사역은 특정 모델을 따라 하거나 답습해서는 안 된다. 물론 플랫폼이나 기술적인 측면에서는 참고하고 배워야 한다. 하지만 사역 내용에서는 개교회만의 색깔과 목적이 담겨 있어야 한다. 이를 위한 몇 가지 핵심 사항을 짚어보자.

● 온라인 사역의 시작은 자기 자신이나 교회 공동체가 가지고 있는 자원을 기반으로 해야 한다. 교회는 저마다 독특한 특징과 강점이 있다. 사역하면서 쌓아온 노하우와 자산이 있다. 그것은 비전을 이뤄가기 위한 노력의 산물이며, 교회 정체성을 명확하게 드러낼 수 있는 자산일 확률이 높다. 교회가 가장 잘해 왔던 사역, 큰 힘과 노력을 기울였던 사역, 가장 가치 있고 중요하다고 여기는 사역을 통해 시작하라. 그것이 온라인 사역을 지속하고 열매로 이어지게 하는 기반이 될 것이다.

● 온라인 사역의 대상을 명확히 할 필요가 있다. 한때 미국 교회의 성장을 이끌었던 윌로우크릭 처치나 새들백 처치는 그들이 사역 대상을 이미지화하고 그들에 맞는 사역 형태를 구축했던 것으로 유명했다. 케이스 스터디를 통해 살펴본 교회들 역시 복음 전도를 위한 방편으로 온라인 사역을 시작했다. 비전은 교회의 존재 이유를 규정하고 사역의 방식과 방법을 결정한다. 교회의 본질인 선교적 사명을 품고 실행하고자 하는 열정이 있다면 온라인을 통해 우리는 누구에게 다가가고 어떻게 복음을 전할지를 고민하게 된다. 우리 교회가 부름을 받은 대상은 누구인가? 누구의 이웃이 되어야 하는가? 어떤 사람들을 품고 더 깊이 다가가야 하는지를 고민하고 시작하라.

● 복음을 전할 일차 대상이 정해졌다면 그들에게 맞는 환경과 문화를 조성하는 일이 이어져야 한다. 어떤 교회는 글로벌한 차원에서, 어떤 교회는 특정 세대를 대상으로, 또 다른 교회는 주변의 이웃들을 위한 교회로 사역을 한다. 그 대상에 따라 방식이 달라질 수밖에 없다. 성육신의 원리가 여기서도 적용된다. 그리스도께서 복음을 전하기 위해 이 땅에 오신 것처럼 메시지의 전달 방식을 대상에 맞게 사용하는 지혜가 필요하다. 어떤 플랫폼을 활용할지, 어떤 채널을 활용할지, 어떤 수단을 통해 메시지를 전달할지 대상의 문화와 필요에 따라 유연성을 가져야 한다. 그리고 그 유연성은 온라인이라는 공간과 매체

의 특성에 맞게 활용되어야 한다. 복음의 본질을 지키되 사람들이 관심을 가지고 참여할 수 있는 방식을 찾는 노력이 필요하다.

● 온라인 사역이 가지는 가능성과 확장성을 바라볼 수 있어야 한다. 인기 있는 유튜버와 수많은 팔로워를 가진 인플루언서들이 즐비한 곳에서 교회의 사역은 작고 초라해 보일 수 있다. 그러나 온라인은 우리가 생각하는 것보다 훨씬 더 크고 많은 사람이 존재한다. 복음이 필요한 사람들뿐만 아니라 가능성 역시 차고 넘친다. 한 사람의 영향력이 수천, 수만의 사람을 설득하고 이끄는 시대에 교회가 이 사역을 진정성 있게 참여할 수 있다면 우리의 교회는 훨씬 더 넓고 깊게 확장될 수 있을 것이다. 함께 꿈을 꾸며 나아가는 교회가 되길 바란다.

미주

온라인 사역을 위한 로드맵

1) 이상훈, 『Re_Think Church(리싱크 처치)』 (2019, 서울: 교회성장연구소), p. 204.
2) Jay Kranda, Online Church: How to Go Beyond Streaming a Service to Bringing People Into the Body, A Pastors.com Resource. 2021.
3) Stadia, The Phygital Church Mindset, Stadia Church Planting, 2021. pp. 7~10.
4) Heidi A Campbell & Stephen Garner, Networked Theology, (Grand Rapids, MI: Baker Academic, 2016), pp. 29~37.
5) Pierce, Myron. Digital Ministry: Pastoring In A Pandemic (p. 13). Kindle Edition.

새들백 처치

6) <https://saddleback.com/visit/locations/onlinecampus?autoplay=true>
7) Kevin Lee, 『새들백 교회가 온라인 소그룹을 하는 방법』 미주기독일보, 2020. 10. 19.

라이프 처치

8) Craig Groeschel, "The Four Essentials of Innovation" in Craig Groeschel Leadership Podcast. <https://www.life.church/leadershippodcast/the-four-essentials-of-innovation/>
9) Bobby Gruenewald, "Craig Groeschel: Life.Church at 20 Years" 2015. Outreach Magazine. <https://outreachmagazine.com/interviews/13347-craig-groeschel-life-church-at-20-years-part-1-of-2.html>
10) 자세한 통계는 <https://www.youversion.com/share2019/>를 참조하라.
11) <https://churchonlineplatform.com/>
12) <https://open.life.church/resources>

처치홈

13) Brian McLaren, 『새로운 그리스도인이 온다(A New Kind of Christian)』, 김선일 역, (서울: IVP, 2008), p. 25. 재인용 『저 건너편의 교회(The Church on the Other Side)』, 이순영 역, (서울: 낮은울타리, 2002), p. 14.

14) Noah Robertson, "Too busy for church? Churches offer some online remedies," in The Christian Century, 2019. 8. 8. <https://www.christiancentury.org/article/news/too-busy-church-churches-offer-some-online-remedies>

15) 최재붕, 『포노 사피엔스』 (서울: 쌤앤파커스, 2019), p. 6.

16) Geoff Colvin, Humans Are Underrated: What High Achievers Know That Brilliant Machines Never Will, (New York: Penguin), 2015. 8장을 참조하라.

엘리베이션 처치

17) Alan Briggs, "Limitation Breeds Innovation," Outreach Magazine, 2021. May/June, p. 18.

18) Ed Stetzer, "Evangelical Innovation," Outreach Magazine, 2021. May/June, p. 14.

19) 위의 글, p. 13.

20) Steven Futrick, "Jesus and Bad Advertising," Outreach Magazine, 9. 7. 2015. <http://outreachmagazine.com/features/5343-jesus-and-bad-advertising.html>

21) Alvin Toffler, Future Shock, (Penguin Random House, 1970)

22) 김상균, 『메타버스』 (서울: 플랜비디자인, 2020), 4장을 참조하라.

23) "10 facts about Americans and Facebook" in Factank, 2019. 5. 16. <https://www.pewresearch.org/fact-tank/2019/05/16/facts-about-americans-and-facebook/>

24) Nona Jones, From Social Media to Social Ministry, (Grand Rapids, MI: Zondervans, 2020), p. 54.

25) 같은 책, p. 56.

26) Angela Lynne Craig, Online Jesus, (Independently Published, 2020).

퍼슈트 처치 라이브

27) 1994년 영국 성공회의 교회 개척을 다룬 「Breaking New Ground」라는 보고서가 출간된 이래 이후의 과정을 평가하고 점검하기 위해 2004년 「Mission Shaped Church」가 세상에 나왔다. 이때를 FX 운동의 공식 출발로 많은 이가 본다. 「선교형교회(Mission Shaped Church)」 (서울: 비아, 2016), p. 13.

28) Kenneth H. Carter Jr. and Audrey Warren, Fresh Expressions, (Nashville, Abingdon Press, 2017), pp. 2~3.

29) <https://freshexpressionsus.org>

30) <https://resilientchurchacademy.com>

31) Michael Adam Beck & Rosario Picardo, Fresh Expressions in a Digital Age, (Nashville, NT: Abingdon Press, 2021), p. 69. Kindle.

32) 위의 책, p. 74.

프레쉬 익스프레션스

33) 본 내용에 대한 구체적인 내용과 예시는 RightNow Media의 홈페이지 <https://www.rightnowmedia.org>를 참조하라. 지난 6월부터 한국어 홈페이지 <https://www.rightnowmedia.org/kr>도 제공되고 있다.

라잇나우 미디어

34) 레슬리 뉴비긴, 「교회란 무엇인가」 (IVP, 2010), 홍병룡 역, p. 175.

35) Jeanet Bentzen, "COVID-19 is Intensifying Religiosity Globally" In Religion & Diplomacy, 2020. 6. 15. <https://religionanddiplomacy.org/2020/06/15/covid-19-is-spreading-religiosity/>

36) 갤럽리포트, 한국인의 종교 1984~2021 (1) 종교현황, <https://www.gallup.co.kr/gallupdb/reportContent.asp?seqNo=1208&fbclid=IwAR0dO9zzeBgXzTZ2DGn9BUfFx-DlkBM15x9b3Co6Scgv5oHorR5Z4ubx5D0>

온라인 사역의 원리와 적용

37) 케빈 리, 『온라인 사역을 부탁해』 (2021, 두란노), p. 36.

memo

Re _ Connect
온라인 사역 혁명

memo

온라인 사역혁명

초판 1쇄 발행   2021년 11월 10일

지은이   이상훈

발행인   이영훈
편집인   김영석
편집장   김미현
기획·편집   김나예 박기범
디자인   김한희
제 작   송명규

펴낸곳   교회성장연구소
등 록   제 12-177호
주 소   서울특별시 영등포구 여의공원로 101 CCMM빌딩 7층 703B호
전 화   02-2036-7922
팩 스   02-2036-7910
홈페이지   www.pastor21.net
쇼핑몰   www.icgbooks.net

ISBN | 978-89-8304-313-9 03230

"무슨 일을 하든지 마음을 다하여 주께 하듯 하라"(골 3:23)

교회성장연구소는 모든 한국 교회가 건강한 교회 성장을 이루어 하나님 나라에 영광을 돌리는 일꾼으로 성장하는 것을 목적으로, 목회자의 사역은 물론 성도들의 영적 성장을 도울 수 있는 필독서를 출간하고 있다. 주를 섬기는 사명감을 바탕으로 모든 사역의 시작과 끝을 기도로 임하며 사람 중심이 아닌 하나님 중심으로 경영한다. "무슨 일을 하든지 마음을 다하여 주께 하듯 하라"는 말씀을 늘 마음에 새겨 하나님께서 주신 사명을 기쁨으로 감당한다.